중소기업을 위한

ERP
···전사적 자원관리

| 이영찬 · 조영석 共著 |

홍릉과학출판사

감사의 글

원고의 작성, 편집, 그리고 교정 전 과정에 참여하여 작업을 도와준 동국대학교 전자상거래학과 ERP 연구회 소속 김인건, 김종범, 오형진, 그리고 조정호 군에게 진심으로 감사드린다.

목차

01 ERP 개요

CHAPTER

지난 1990년대 중반부터 대기업을 중심으로 국내 산업계에 도입되기 시작했던 ERP는 최근 들어서 많은 중소기업에 이르기까지 점차 확산범위를 넓혀가고 있다. 지금은 경험이 축적되어 ERP 도입을 성공했다는 기업들이 늘어나고 있지만, 여전히 준비와 기초가 부족한 상태에서 대충 계획하고 과감하게 실천하는 일들이 많이 벌어지고 있다. 따라서 ERP를 구축하거나 재정비할 계획이 있는 기업의 실무자들을 위해 기업정보화의 핵심인 ERP의 이해를 돕고자 1장에서는 먼저 ERP에 대한 이론적인 정의와 개념, 모듈 구성 및 기대효과에 대해 알기 쉽게 설명하려 한다.

1.1 ERP 개념

ERP는 모듈(module)이라고 하는 수많은 구성요소들로 이루어져 있으며, 이들 구성요소들은 독립적으로 존재하지 않고 상호작용을 주고받는다. ERP는 간단하게 이야기하면 모든 업무영역에서 발생하는 데이터를 주고받으며, 인적·물적 자원을 효율적으로 활용해 하나로 통합된 기업을 구현해주는 시스템이라고 할 수 있다.

이러한 ERP는 시스템이 갖춰야 하는 특징과 그것을 표현하는 방식의 차이에 따라 그 종류를 다음과 같이 세 가지로 나눠볼 수 있다.

① **ERP:** Enterprise Resource Planning의 약어로 우리말로 직역하면 "전사적 자원관리"이다. 말 그대로 기업 활동을 위해 쓰여 지고 있는 기업 내의 모든 인적·물적 자원을 효율적으로 관리하여 궁극적으로 기업의 경쟁력을 강화시켜 주는 역할을 하는 통합정보시스템이라 할 수 있다.

② **ERP 시스템:** ERP 시스템은 회사 내에 존재하는 모든 부서의 업무를 정보기술 자원을 활용하여 동시에 처리하고, 처리된 정보를 실시간으로 공유할 수 있게 해주는 시스템이다.

③ **ERP 패키지:** ERP 패키지는 ERP시스템을 효율적으로 구축하고 운용하기 위한 애플리케이션 소프트웨어 제품이다. ERP패키지는 새로운 버전이 계속 공급되어 신기술의 도입이 쉬우며, ERP패키지에 내장된 'Best Practice'라는 선진 업무 프로세스의 도입에 따른 생산성 향상, 업무의 표준화 실현, 의사결정 정보의 신속한 제공 등의 장점을 갖고 있다.

〈표 1-1〉 ERP 정의

Gartner Group	기업 내의 업무 기능들이 조화롭게 동작할 수 있도록 설계된 어플리케이션들의 집합으로 차세대 업무 시스템
The Weekly Economist	생산, 자재, 영업, 인사, 회계 등 기업 전 부분에 걸친 인력, 자금, 등 각종 경영자원을 하나의 체계로 통합적으로 재구축함으로써 생산성을 극대화한 기업 리엔지니어링
APICS(American Production & Inventory Control Society)	최신 IT 기술을 이용하여 수주에서 출하까지의 공급체계와 관리회계, 재무회계, 인사관리를 포함한 기업의 업무를 지원하는 종합정보시스템

이 외에도 ERP에 대해서는 다양한 정의(표 1-1 참조)가 있어 왔으나 그것은 이들이 중요하게 여기는 관점이 어디에 있는가에 따라 이름이 달리 불리게 된 것 뿐이며, 궁극적으로는 경영의 효율을 극대화하고자 하는데 그 목적이 있다.

1.2 ERP의 발전과정

① **MRP(Material Requirement Planning, 자재소요계획):** MRP는 원자재, 가공품, 반제품 등에 대해 자재수급계획과 생산관리를 통합시킨 체계적인 제조정보관리시스템으로, 다음의 네 가지 의문에 대한 답을 찾는데 목적이 있다.

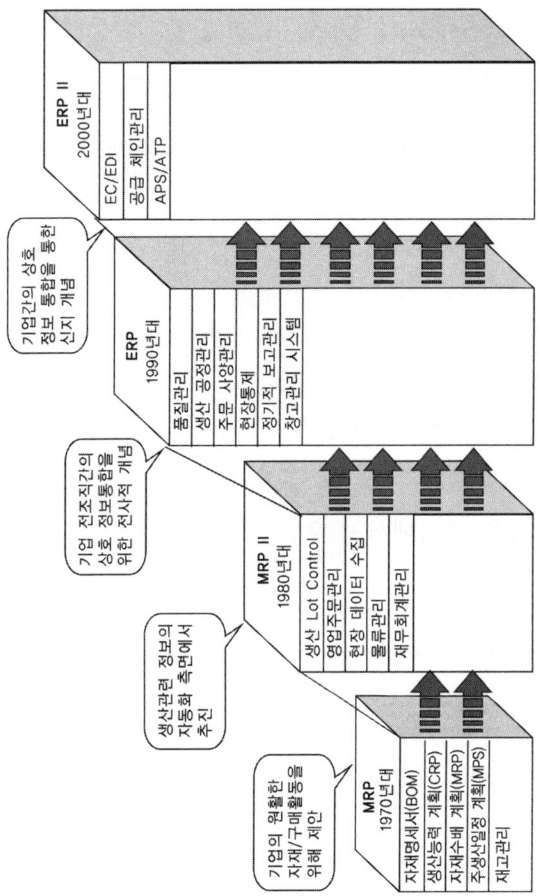

[그림 1-1] ERP의 발전과정(I)

- 기준생산계획(MPS): 무엇을 만드는가?
- 제품구성정보(BOM): 그것을 만들 때 필요한 것은 무엇인가?
- 재고레코드(Inventory Record): 무엇을 가지고 있는가?
- 미래 요구 설명서(Future Requirements): 필요한 것을 얻기 위해 해야 하는 것은 무엇인가?

따라서 MRP의 주목적은 무엇이 언제, 어느 곳에서 필요한가를 예측하고, 모든 제조활동과 관리활동을 그에 맞춤으로써 생산활동을 최대한 효율적으로 운영하는데 있다.

② **MRP II(Manufacturing Resource Planning II, 생산자원계획):** 1980년에 이르러 다품종 소량생산, 고객 지향의 업무체계 중시, 컴퓨터 기술의 발달과 같은 주변 여건의 변화로 MRP II는 자재뿐만 아니라 생산에 필요한 모든 자원을 효율적으로 관리하기 위해 생산계획의 주변 업무까지 확장된 개념이다.

MRP II는 생산능력계획과 기준 생산계획의 피드백, 조달예산계획, 재고예산계획 등의 기능이 추가되면서 더욱 지능적인 생산관리 도구로 발전하게 되었으며 현재에 이르기까지 많은 기업에서 사용되고 있다.

〈표 1-2〉 전통적 ERP와 ERPⅡ의 비교

구분	기존 ERP	ERP II
역할	기업 내 비즈니스 최적화	공급체인 최적화
적용분야	제조 및 물류분야 기업	전체 산업
프로세스	기업 내부	기업 외부 거래업체
아키텍쳐	폐쇄형, 일반형	웹 기반, 개방형
데이터	내부적으로 생성・소비	내부와 외부에서 활용 가능

③ **ERP(Enterprise Resource Planning, 전사적자원관리):** ERP는 MRP II시스템을 기업 내 모든 업무의 경영자원으로 대상을 더욱 확장시킴으로써 붙여진 이름으로, 기업의 통합 정보시스템 구축을 위해 첨단 정보기술을 기반으로 'Best Practice'라는 선진 비즈니스 프로세스가 탑재된 패키지 소프트웨어이다.

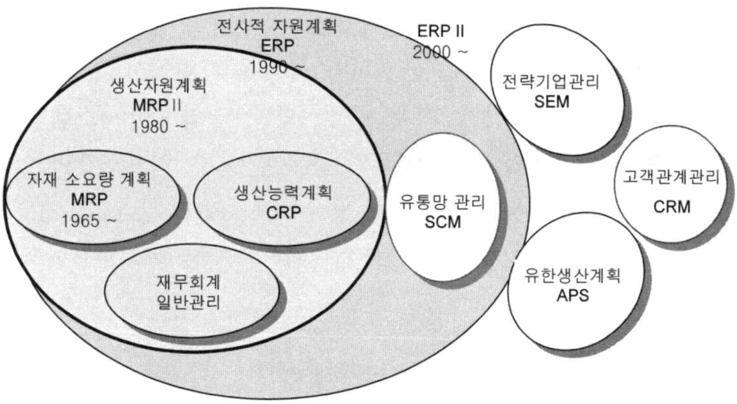

[그림 1-2] ERP 발전과정(II)

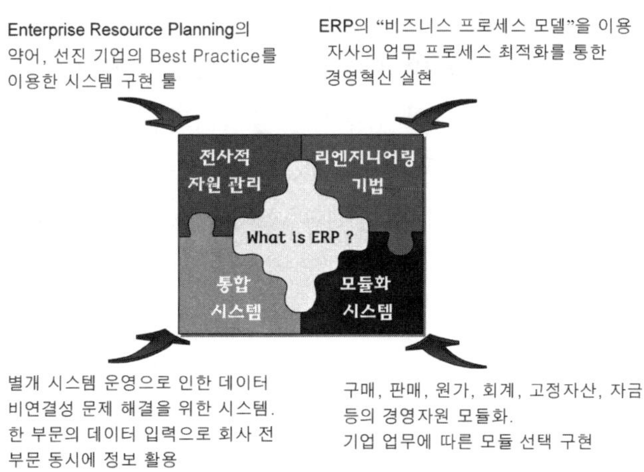

④ **ERP II(Extended Enterprise Resource Planning, 확장형 ERP):** 확장형 ERP는 ERP를 기반으로 하여 CRM, SCM 등과 연계시켜 기업의 효율성을 추구하고 전략적인 의사결정을 가능하도록 지원하는 시스템이라 할 수 있다.

1.3 ERP의 특성

ERP 시스템을 사용하는 근원적인 목적은 기업에서 개별적으로 운영되던 각 기능별(인사, 회계, 품질, 생산, 영업 등) 시스템을 통합시킴으로써 정보의 공유, 업무의 중복성 배제, 의사소통의 원활화 등의 장점을 구현하기 위함이다. 이러한 ERP 시스템은 그 특성상 다음과 같이 기능적 특성과 기술적 특성을 가지고 있다.

1.3.1 ERP의 기능적 특성

① **전체 프로세스 관점의 통합정보시스템:** 기존의 경영정보시스템이 각 단위 업무별로 분리되어 운영됨으로써 전체적인 관점에서의 최적화는 이루어내지 못하였다. 이러한 문제점들을 보완하여 ERP 시스템은 IT 기술을 활용하여 회사 내 전체 업무를 하나의 업무처럼 통합시키면서 실시간으로 모든 업무를 거의 동시에 처리할 수 있도록 설계되어 있다.

예를 들어, 영업사원이 판촉활동을 통해 고객으로부터 주문 요청을 받았다고 가정하자. ERP 시스템을 통해 재고사항이 실시간으로 파악되므로 주문요청에 대한 재고여부를 파악하여 즉각 납기일을 알려줄 수 있으며, 주문에 따른 확정이 이루어진다. 영업관리에서 주문이 확정되면 보유재고가 있는 경우 바로 출고가 가능하고, 보유재고가 없다면 생산지시를 하여 생산관리를 통해 생산계획에 따른 원자재의 구매관리를 통하여 자동 발주되어 창고에 자재입고가 가능하다. 작업지시에 의해 입고된 자재는 생산관리를 통해 완제품을 완성하여 다시 제품창고에 입고되고 주문에 따른 출하관리를 할 수 있게 된다. 아울러 자재구매와 제품납품 시 발행된 세금계산서의 처리와 매출채권, 매입채무는 자동으로 회계관리에 기록되어 전표발행과 동시에 각 원장에 자동으로 전기(posting)되어 수시로 회계정보를 알 수 있게 된다.

결국 ERP 시스템을 구축함에 따라 회사 내 모든 정보를 실시간으로 공유할 수 있게 되며, 전체 최적화에 따른 업무 프로세스의 개선에 따라 업무 생산성이 크게 향상된다.

② **표준 업무프로세스:** ERP 패키지에 내장되어 있는 업무프로세스(Best Practice)는 장기간에 걸쳐 검증된 최적의 업무프로세스와 경영기법을 벤치마킹하고 이를 모델로 하여 개발되기 때문에 신뢰할만한 수준이라고 말할 수 있다. 따라서 ERP를 도입·구축하게 되는 기업은 이러한 표준 프로세스를 이용해 별도 투자 없이 업무혁신을 이루게 되는 효과를 얻을 수 있게 된다.

③ **그룹웨어와의 연동:** 그룹웨어는 기업이나 기관, 단체의 구성원들이 컴퓨터로 연결된 작업장에서 서로 협력하여 업무효율을 높이기 위해 사용하는 소프트웨어를 말한다. 일반적으로 그룹웨어에는 전자메일·공용 데이터베이스·전자 결재 등의 기능이 제공되며, 이러한 그룹웨어 기능과 영업·생산·구매·자재·회계 등 단위업무 시스템과의 연동은 필수적이라고 할 수 있다. ERP 시스템의 경우 패키지 자체 내에서 이러한 그룹웨어 기능들을 내장하고 있으나 자체 내에 그룹

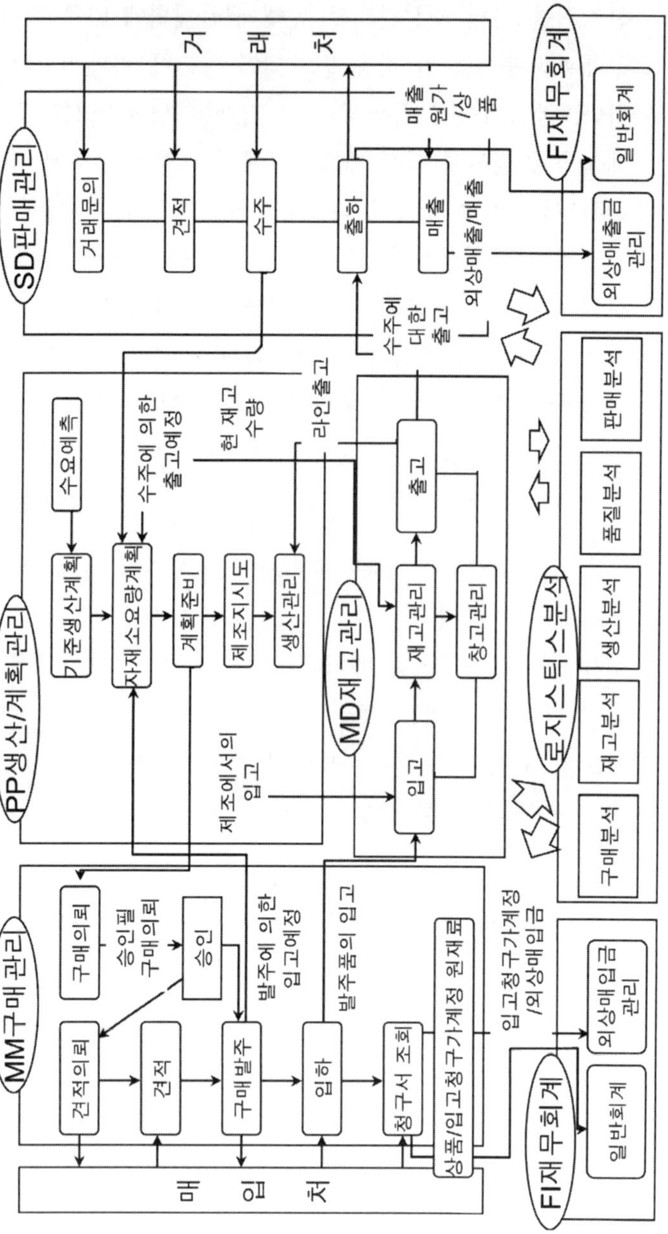

[그림 1-3] 통합업무시스템의 예(SAP Japan 자료에서 수정)

웨어 시스템이 없는 경우에도 외부 그룹웨어 시스템과의 연계를 통해 그룹웨어 기능을 제공하고 있다.

④ **확장 및 연계성을 위한 개방형 시스템:** 기존 시스템이 폐쇄적인 구조로 설계되어 시스템의 확장 및 다른 시스템과의 연계가 제대로 이루어지지 않은 반면, ERP 시스템은 운영체제나 데이터베이스의 제약 없이 운영되도록 설계되어 있어 시스템의 확장이나 다른 시스템과의 연계가 수월하다.

⑤ **경영자정보의 제공:** ERP 시스템은 경영자가 원하는 정보를 손쉽게 제공할 수 있는 기능을 보유하고 있다. 이러한 ERP 시스템을 통하여 경영자들은 수시로 경영상황을 점검하고 분석할 수 있게 된다.

⑥ **다중언어, 다중통화 지원 가능:** 현재 ERP 패키지들은 각국의 언어와 통화체제를 지원하고 각 나라의 법률과 대표적인 상거래 습관, 생산방식이 시스템에 입력되어 있어 선택하여 사용할 수 있다.

⑦ **EDI와의 연계:** EDI(Electronic Data Interchange)란 기업 간 거래에 관한 데이터와 문서를 표준화하여 컴퓨터 통신망으로 거래 당사자가 직접 전송·수신하는 정보전달 시스템으로, ERP 시스템에서 EDI를 연계시킨다면 거래처와 주고받는 모든 문서가 EDI를 통해 접수됨과 동시에 자동적으로 ERP 시스템과 연계되기 때문에 업무처리의 신속성과 정확성, 표준화를 가질 수 있게 된다.

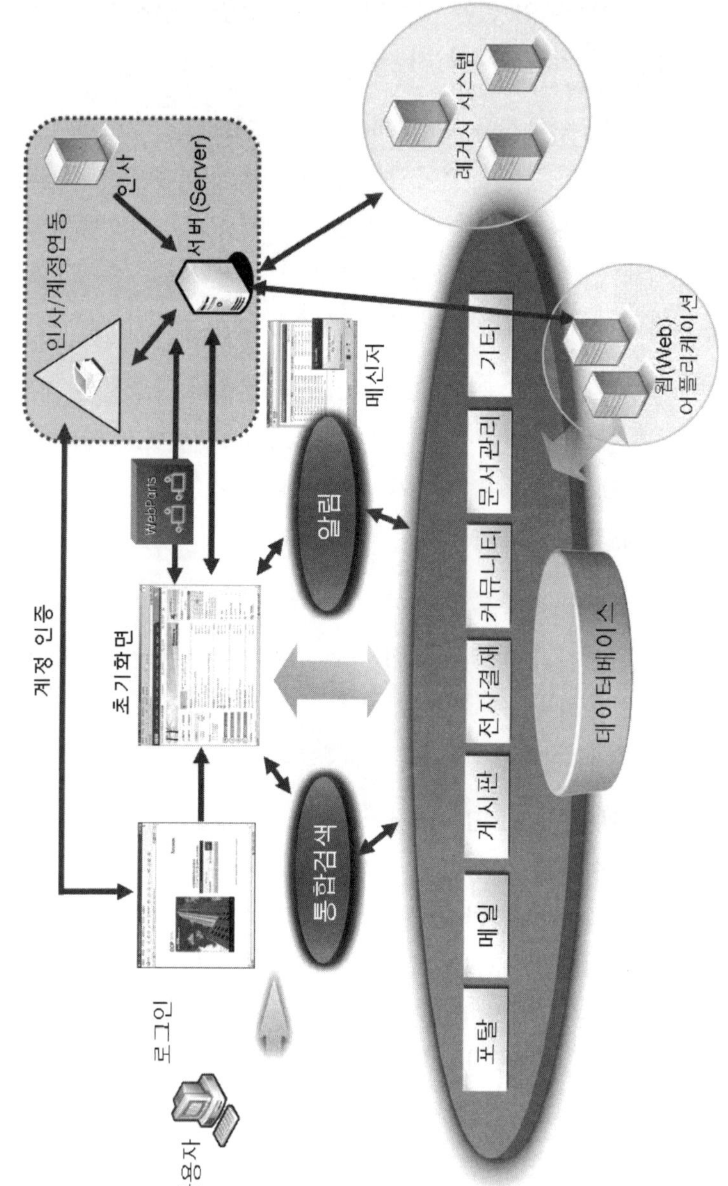

[그림 1-4] 그룹웨어(Groupware)와 연동한 회사 내 업무 프로세스

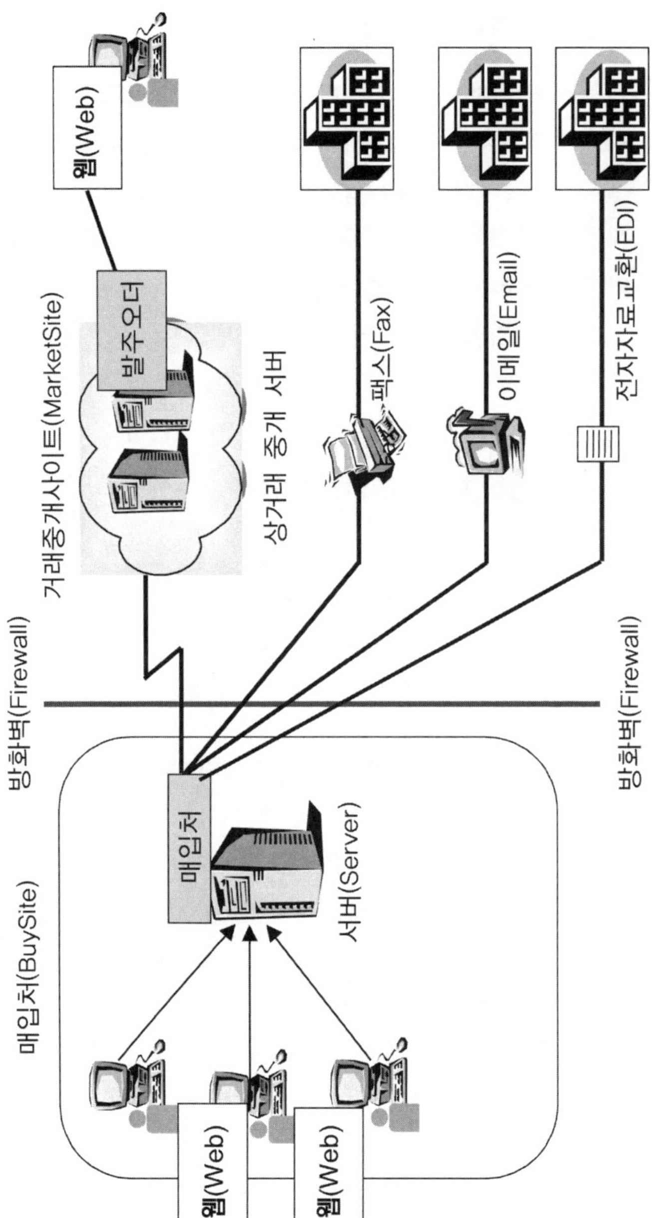

[그림 1-5] e-비즈니스 환경에서의 거래 업무 프로세스

1.3.2 ERP의 기술적 특성

① **사용자 인터페이스(GUI: Graphic User Interface):** 기업 시스템을 보다 발전시키고 사용에 따른 효과를 높이기 위해서는 실제 업무를 처리하는 실무자 외에도 기업의 관리자나 경영자들이 시스템에 대해 관심을 가지고 직접 사용하면서 개선안을 부여하는 것이 필요하다.

그러나 지금까지 기업 정보시스템의 주요 문제는 문자를 중심으로 한 시스템 구성과 영어를 위주로 한 전산용어가 사용되어 사용자가 쉽게 접근하기가 어려웠다. 하지만 GUI의 등장으로 인해 윈도우(Window)사용자라면 별도의 교육 없이 단시간 내에 활용이 가능하게 되었다.

② **웹(Web) 기술:** 웹(Web)이란 서로 연결되어 있는 네트워크들의 집합체로, 웹 기술을 활용하여 쉽게 자사의 정보시스템에 접근하여 업무를 처리할 수 있는 계기를 마련해 주었다.

③ **클라이언트 서버(Client/Server Environment) 시스템:** 과거 중앙 집중식 환경에서 직원들이 사용하고 있는 PC는 중앙의 서버로부터 얻어온 정보를 제공해주는 단순한 단말기 역할만 하여 더미(Dummy)라고 불렸었다. 하지만 클라이언트 서버(C/S) 시스템이 도입되고, 직원들이 사용하는 클라이언트 PC의 기능이 강력해지면서 과거 중앙 집중식 방식과는 달리 서버가 모든 것을 처리할 필요가 없어지게 되어 자원을 효율적으로 관리할 수 있게 되었다.

ERP시스템 역시 웬만한 일은 대부분 클라이언트 수준에서 처리하며, 거의 모든 ERP가 C/S구조를 채택하고 있다.

④ **4세대 언어, CASE Tool:** 갈수록 고도화되어 가고 있는 산업

용 소프트웨어를 개발하는데 있어 기존의 프로그램 개발방식이 한계에 부딪히게 되면서 4세대 언어(4GL)라고 불리는 프로그램 언어들이 등장하게 되었다. 대표적인 4세대 언어는 Visual Basic C++, Power builder, Delphi, Java 등이 있다. 이와 아울러 고기능성 산업용 소프트웨어를 개발하기 위한 별도의 방법론으로 등장한 것이 CASE Tool이라는 것인데, 이는 소프트웨어를 만드는 소프트웨어라고 할 수 있다.

⑤ **의사결정지원시스템(DSS: Decision Support System):** 오늘날 컴퓨터의 활용은 단순히 업무의 자동화나 정보 제공의 차원을 넘어 관리자의 의사결정을 도와주는 범위로 확대되고 있으며, 많은 정보를 관리하고 있는 ERP를 이용하여 의사결정에 많은 도움을 얻을 수 있다. 기업에서 실행하려 하는 의사결정의 결과를 원하는 형태로 미리 볼 수 있는 기능을 통하여 기업의 생산성 증대 및 이윤 극대화가 가능할 것이다.

⑥ **관계형 데이터베이스:** 거의 모든 ERP 시스템은 원장형 데이터베이스 구조를 채택하고 있다. 기존의 시스템에서는 각각의 시스템에 보관되어 있는 데이터의 연동이 효율적으로 이루어지지 않아 경영자가 필요로 하는 분석정보를 얻기 위해서는 해당 데이터를 재입력해야하는 번거로움으로 인해 급변하는 경영환경에 능동적인 대처가 불가능했으나, 원장형 통합 데이터베이스는 하나의 정보는 한번만 입력하고 입력된 정보는 원래 상태로 어느 업무에서든지 참조할 수 있도록 데이터베이스에 보관되기 때문에 경영자가 필요로 하는 분석정보를 적시에 생산해낼 수 있게 되었다.

ERP와 같은 고기능성 산업용 소프트웨어에는 상용 RDBMS를 채택해야하는데, 현재 ERP 시스템에서 운영 중인 DB는

Oracle, MS-SQL 등이며 DB의 채택은 주로 운영체제와 하드웨어 등 전체의 플랫폼에 의해 결정되고 있다.

⑦ **객체지향기술:** ERP 패키지 내의 각 모듈은 제각각 독립된 개체로서의 역할을 하게 된다. ERP 시스템은 이렇게 수많

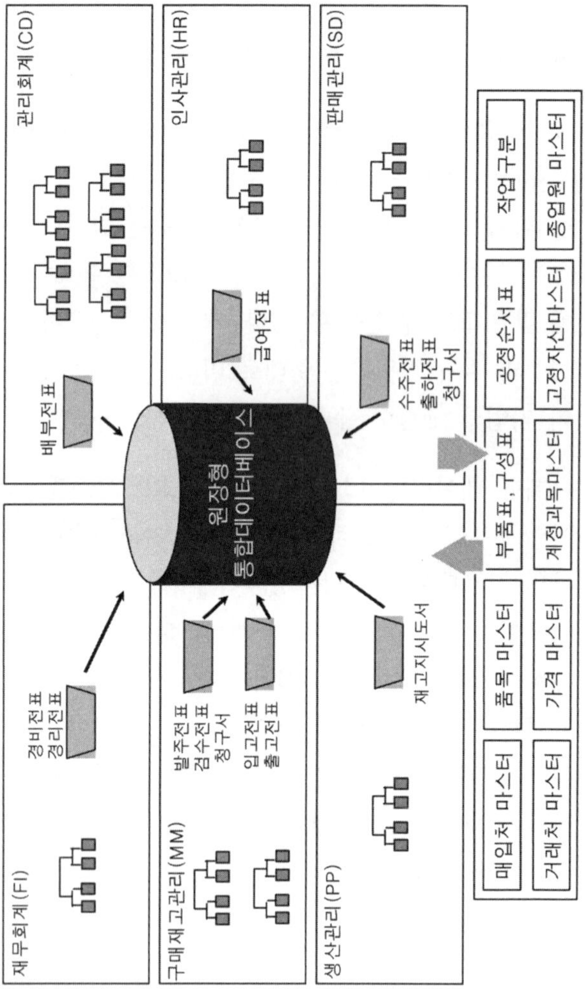

[그림 1-6] 통합데이터베이스의 예

은 모듈들의 집합체이다. 각 모듈들과의 인터페이스를 통해 전체적으로 시스템의 효율성을 향상시킨다. 시스템이 업그레이드되거나 기능이 추가 또는 삭제되는 경우에 객체 지향적으로 설계된 ERP 시스템은 해당 모듈에 대한 교체만으로 시스템의 변경이 가능하다. 마치 레고 블록처럼 영업, 생산, 구매, 자재, 재고, 회계, 인사 등 각 모듈들을 서로 짜 맞추는 식으로 전체를 최적화시켜 나가면 되고, ERP 시스템이 구축된 이후에도 언제나 단위 모듈의 변경이 가능하다.

1.4 ERP 시스템 도입 목적 및 기대효과

정보기술의 비약적인 발전으로 경영환경은 시공간의 제약을 초월하여 빠른 환경의 변화를 보이고 있다. 시장구조가 생산자 중심에서 소비자 중심으로 전이되었고, 하드웨어 가격의 하락으로 정보기술의 활용과 대용량 정보의 신속한 처리 능력이 경쟁력 제고의 척도가 되었으며, 무엇보다도 경영자의 정확하고 신속한 의사결정과 기업구성원 간 정보의 공유가 기업 생존의 관건이 되었다.

1.4.1 ERP 시스템 도입 목적

대체로 ERP 시스템을 도입하려는 목적을 살펴보면 크게 2가지 형태로 나타나고 있다. 그 중 하나는 경영 비전 실현형으로

① 변화하는 경영환경에 대응하기 위한 경영혁신과 업무개선
② 경영의 글로벌화에 따른 경쟁력 유지, 강화
③ 전사적 통합에 따른 의사결정의 신속화
④ 고객만족도를 더 높은 차원으로 향상

⑤ 조직구성원의 의식 변혁
⑥ 시스템 표준화를 통한 데이터 일관성 유지
⑦ 개방형 정보시스템 구성으로 자율성, 유연성 극대화
⑧ 클라이언트/서버(C/S) 시스템으로 시스템 성능 최적화

등이 있으며, 다음으로 과제 해결형은 다음과 같다.

① 기간업무의 통합화에 따른 경영업무의 효율화
② 간접 부문, 특히 정보시스템의 역량 절약
③ 세계표준과 최신 정보기술에 의한 정보인프라의 정비
④ 재고관리 능력의 향상
⑤ 영업에서 자재, 생산, 원가, 회계에 이르는 정보흐름의 일관화
⑥ GUI 등 신기술 이용, 사용하기 쉬운 정보환경 제공

1.4.2 ERP 시스템 도입 효과

지금까지 ERP를 도입하여 성공한 업체들에게서 보여지는 ERP의 도입효과는 다음과 같다.

(1) 비즈니스 측면

① 제공된 표준 프로세스를 이용한 손쉬운 기업정보시스템 구축
② 강력한 OLAP(On-Line Analytical Processing) 기능을 통한 계획, 실적에 대한 분석으로 경영자의 정확한 의사결정 지원
③ 통계적 수치 및 자료에 의한 시뮬레이션을 이용한 기업환경의 변화에 사전 대처
④ 수요예측 및 생산계획, 납품일정계획을 통한 고객 서비스 증대

⑤ 업무의 표준화, 자료의 표준화에 의한 시스템 통합으로 정보의 일관성 유지, 관리의 중복 배제, 업무 능률 향상
⑦ 기업경쟁력의 확대
⑧ 글로벌 경영체제 대응
⑨ 신속하고 정확한 경영지표 정보 취득
⑩ 투명 경영, 투명한 생산관리를 통한 지속적인 비즈니스 프로세스 개선
⑪ 자동 자재발주, 최적의 생산계획에 의한 최저원가의 생산 등 생산성 향상

(2) 기술적 측면

① 데이터 웨어하우스를 이용한 광범위한 자료 구축으로 사용자 측면에서 유연한 자료 활용 가능
② 클라이언트 서버(C/S) 시스템으로 기존 통신망의 활용을 극대화하여 불필요한 낭비 감소
③ ERP 핵심기술을 통한 지속적인 버전(Version) 발표로 완벽한 ERP시스템 구축
④ 업무 효율화
- 불필요한 업무 개선: 주문처리 시간 단축
- 수요예측, 납기일 예측 가능

⑤ 업무혁신의 실현
⑥ 고객만족도의 향상
⑦ 정보시스템의 비용절감
⑧ 기간업무의 비용절감
- 서류업무보다 빠른 처리시간
- 오류 감소

⑨ 재고의 최소화

〈표 1-3〉 ERP 사용의 이점

외형적 이점	무형적 이점
재고 감소	기업 데이터의 투명성 증가
직원의 감소	향상된 비즈니스 프로세스 도입
생산성 증가	보다 신속한 고객 응답
주문관리의 향상	예상되지 않았던 비용의 감소
회계처리의 신속성	시스템간 보다 긴밀한 통합성
IT 비용의 감소	컴퓨팅 플랫폼의 표준화
조달 비용의 감소	유연성의 증가
현금 관리의 향상	정보의 글로벌 공유
물류 비용의 감소	향상된 경영성과
시스템 유지보수 필요성 감소	SCM에서의 투명성 증가

이 밖에도 많은 이점이 있겠으나, 분명 확실한 것은 ERP 도입으로 구성원들의 업무 수행방식이 긍정적인 방향으로 변화하는 것을 느낄 수 있을 것이다.

1999년 Benchmarking Partners사와 IBM사에서 조사된 ERP 사용으로 얻을 수 있는 외형적 이점과 무형적 이점을 정리하면 <표 1-3>과 같다.

1.5 ERP의 구축과 관련된 과제 및 고려사항

① **현재의 업무방식을 그대로 고수하지 말라:** 현재의 업무방식을 고수하게 되는 경우 소프트웨어에 많은 수정을 가하게 되는데, 이것은 결국 소프트웨어 업그레이드를 통한 기능향상을 저해하며, 유지보수에 따른 많은 비용을 지출하는 원인이 된다.

② **사용자의 편의성과 효율적인 운영을 고려하라:** 시스템을 사용하게 될 사용자의 입장에서 시스템이 만족스러워야 한다. 특히 국내 사용자들은 서식에 민감해 업무적 관행을 최대한 반영한 패키지를 선택한다.

③ **ERP에 대한 환상을 버려라:** ERP가 모든 것을 만족시켜주는 것은 아니며, 그만큼 기대치가 높으면 실패확률도 커진다.

④ **사전 준비를 철저히 하라:** ERP를 성공적으로 구현하기 위해서는 사전에 데이터의 표준화 및 업무의 표준화가 정립되어야 한다. 이러한 사전 준비 없이 서둘러 소프트웨어를 사용하게 된다면 기초 데이터의 오류와 잘못된 업무 절차 등으로 인해 시스템의 정상적인 운영에 상당한 시간이 소요될 것이다.

⑤ **IT 중심의 패키지 도입 프로젝트로 추진하지 말라:** ERP 패키지의 도입 시에 전산팀 위주로 패키지 도입 프로젝트를 추진해서는 안된다. ERP 패키지는 전산팀만을 위한 시스템이 아니라 기업 전체의 모든 업무 프로세스를 바꾸는 전사적인 차원의 관리적 측면의 변혁을 요구하는 것이기 때문이다.

⑥ **프로젝트 관리자와 팀 구성원의 자질과 의지를 충분하게 키워라:** ERP패키지 도입에는 상당한 비용과 많은 시간을 필요로 한다. 그만큼 ERP 패키지 도입은 기업에서 중요한 사항이다. 따라서 성공적인 도입을 위해서는 해당 프로젝트 인적 자원들의 자질과 의지는 중요한 변수임에 틀림없다.

⑦ **단기간의 효과 위주로 구현하지 말라:** ERP는 단순 업무의 편의성이 목적이 아니다. 기업 전체의 전사적인 차원에서의

업무통합을 의미하는 것인 만큼 단기간에 이루어지는 것은 아니다.

⑧ **기존 업무에 대한 고정관념에서 ERP를 보지 말라:** ERP 도입에 있어서 업무혁신 내지 업무 재설계는 반드시 수반되어야 한다. 이를 위해 업무 데이터의 표준화, 업무절차와 기준 양식, 그리고 기초 데이터를 정비하는 것은 필수적이다.

⑨ **프로젝트 팀 멤버를 현업중심으로 구성하라:** ERP 도입 프로젝트가 단순하게 전산시스템의 교체라는 정도로 인식해서는 안 된다. 이를 위해서는 IT 전문가 위주가 아니라 현업 경험이 많고 현업을 리드할 수 있는 인적자원을 주축으로 추진되어야 한다.

⑩ **최고경영층을 프로젝트에서 배제하지 말라:** 업무 개선 및 부서 간 또는 업무 간의 통합을 이루기 위해서는 부서장급의 관리자선에서 그 방향성이 결정되거나 문제점에 대한 해결책이 제시되는 것을 피해야 한다.

CHAPTER

02 ERP와 BPR

2.1 BPR의 개념

2.1.1 BPR의 정의

현재 우리나라의 기업은 시장으로부터 제품개발주기와 구매자의 취향에 맞는 제품을 단시간에 제공하기를 요구받고 있으며, 이에 기업들은 생산성을 향상하고 품질과 서비스를 개선하기 위해 많은 투자를 하고 있다. 하지만 이러한 노력들은 대부분 기존의 업무에 새로운 기술을 적용하는데 그쳐 소정의 성과는 거두었으나, 혁신적인 향상은 없었고 때로는 더 큰 문제점을 유발하기도 하였다. 컴퓨터를 비롯한 각종 정보기술의 도입에 많은 투자를 했음에도 기존의 방식과 틀을 유지하면서 새로운 기술의 유행을 따르려는 상황에서 이러한 결과가 발생한 것이다.

따라서, 기업경영환경의 변화에 따라 기업은 조직과 경영프로세스를 그에 대응할 수 있도록 재구축하여야 한다. 이러한 과정 속에서 자연스럽게 제기된 개념이 비즈니스 프로세스 리엔지니어링(Business Process Reengineering)으로, BPR은 기존의 업무처리 방식을 무시하고 품질, 비용, 속도, 서비스 측면에서의 극적인 개선을 성취하기 위해서 업무 프로세스를 근본적으로 다시 생각하고 정보기술 중심으로 새롭게 재설계하는 것이라고 정의할 수 있다. 이러한 정의에는 다음과 같은 개념들이 포함되어 있다.

① **극적(dramatic):** BPR은 점진적인 개선효과를 원하는 것이 아니라 극적인 향상을 추구한다. 즉, BPR의 개념은 개선이 아니라 개혁이라는 용어에 더 가깝다는 것이다.

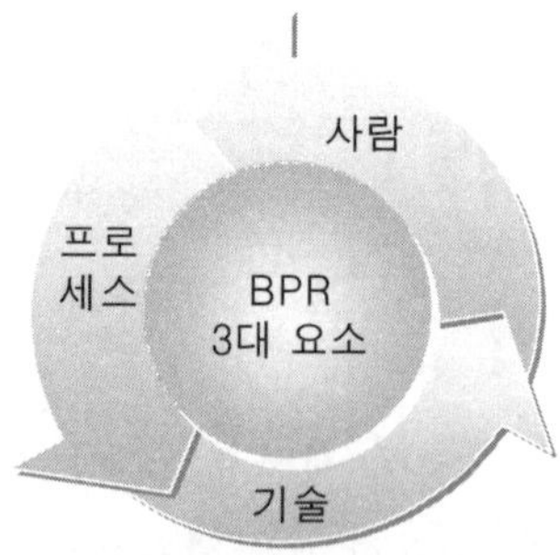

[그림 2-1] BPR의 3대 요소

② **근본적(fundamental):** 이 개념은 BPR을 실행함에 있어서 우리가 현재 하고 있는 일을 왜 해야 하는지, 혹은 왜 지금과 같은 방법으로 실행해야 하는지와 같은 가장 근본적인 질문을 해야 한다는 의미이다. 이를 통해 과거의 임시방편적인 문제해결 방식에서 벗어나 근원적인 문제를 밝혀내어 문제를 해결하는 방식을 취해야 한다는 것이다.

③ **새롭게(radical):** 이 개념은 현존하는 모든 구조와 절차를 버리고 완전히 새로운 업무처리 방법을 만들어 내는 것을 의미한다. 즉 업무를 개선시키거나 변경시키는 것이 아니라, 새롭게 만들어내는 것이다.

④ **프로세스(process):** 프로세스란 하나 이상의 입력을 받아들

여 고객에게 가치 있는 결과를 산출하는 일련의 행동들을 의미한다. 성공적인 BPR을 위해서는 이러한 프로세스 중심에서 사고를 해야 하지만 대부분의 기업들은 프로세스가 아니라 과업, 직무, 사람, 구조들에 초점을 맞추고 있다는 점이 문제이다.

궁극적으로 BPR이란 현행 업무의 정확한 분석을 바탕으로 하여 정보기술을 활용해 기업의 경영 시스템을 획기적으로 재구축하고 경영성과를 극대화시키려는 경영혁신 기법이라고 정의할 수 있다.

2.1.2 BPR의 필요성

BPR에 대한 필요성을 항목별로 요약·열거하면 다음과 같다.

① 국제화, 개방화, 규제완화 등으로 인한 경쟁격화, 변화의 일상화
② 새로운 법적, 경제적 환경으로 인한 투명경영, 가치경영의 요구
③ 정보기술의 급격한 발전으로 인한 새로운 기회 모색
④ 기업철학의 변화 즉, 통제 및 효율성보다 서비스의 품질, 속도, 비용을 중시하고 고객 중심적인 사고로 변화
⑤ 소비자 욕구의 급격하고 다양한 변화
⑥ 부서 간 접촉/의사소통에 소요되는 기업운영상의 간접비용 증가
⑦ 보다 많은 신상품의 출현
⑧ 기업의 경영혁신 노력
⑨ 신기술의 신속한 채택, 적용, 발전

위의 필요성에 따라서 프로세스를 변혁시키고 리엔지니어링을 언제 도입할 것인가가 또한 큰 문제이다. 전혀 필요하지 않은 시기에 시행함으로써 부작용을 가져 올 수도 있기 때문이다. 그에 대한 답을 찾기 위해 지금까지 BPR을 수행한 기업들의 대표적인 유형을 살펴보면 크게 다음의 세 가지 형태로 나눌 수 있다.

① **큰 어려움에 처해 있는 기업들:** 기업의 원가가 경쟁기업보다 훨씬 높거나, 고객들의 불만이 높아 대폭적인 개선이 필요하다면, 이 기업은 선택의 여지없이 경영혁신이 필요하다. 예를 들면, 1980년대 초의 포드(Ford)사를 들 수 있다.

② **미래의 문제를 내다보는 기업들:** 아직 문제는 없지만 고객의 요구와 특성변화, 규제 환경, 경제 환경 변화의 역경이 예측되는 기업은 경영혁신이 필요하다. 예를 들면, 1980년대 후반의 애트나 생명보험(Actna Life & Casualty)사를 들 수 있다.

③ **호황 상태에 있는 기업들:** 현재에도 아무런 어려움이 없고, 앞으로도 어려움이 생길 조짐이 없으나 경영자들이 야심차고 진취적인 기업으로 리엔지니어링을 경쟁에 있어서 자신의 주도권을 강화시킬 수 있는 기회로 간주하고, 업무성과 향상으로 경쟁장벽을 높이려는 기업들은 경영혁신을 수행한다. 예를 들면, 홀마크(Hallmark)사 및 월마트 사를 들 수 있다.

2.1.3 BPR의 기대효과

앞서 언급하였듯이 BPR은 변화에 능동적으로 대처하기 위하여 전략, 프로세스, 조직, 그리고 IT의 변화가 일관되고 통합적인 관점에서 이루어질 수 있도록 한다. 이러한 네 가지 측면에서 BPR의 기대효과를 살펴보면 다음과 같다.

① **전략:** 고객 중심의 차별화된 서비스를 제공한다.
- 주주 및 고객 가치의 극대화
- 최적 생산/수익 극대화를 통한 이익 중심의 성장
- 가치 중심 경영에 근간한 경영

② **프로세스:** 업무시간을 단축시키고, 수익성을 증가시키기 위해 효율적으로 개선된 프로세스를 설계한다.
- 비부가가치 활동을 제거한 효율적인 업무처리
- 환경변화에 능동적으로 대처하는 신속한 의사결정 체제

③ **조직:** 일관되고 균형 잡힌 성과지표를 개발한다.
- 전문적이고 유통성 있는 조직

④ **IT:** 통합시스템의 구축으로 관리자의 의사결정을 지원한다.
- 첨단 정보기술의 도입으로 시스템의 최적화 및 표준화를 꾀함

또한, BPR의 일반적인 기대효과를 살펴보면 다음과 같다.

① **고객서비스의 증대:** 경영혁신은 고객을 중심으로 한 변화를 추구하므로, 고객 관련 서비스를 증대시킬 수 있다.

② **원가절감:** 불필요한 활동들을 제거함으로써 원가 절감 효과를 기대할 수 있다.

③ **사이클 타임 절감 및 프로세스의 유연성 강화:** 불필요한 프로세스를 제거함으로 인해 리드타임이 줄어들고, 프로세스의 유연성이 강화된다.

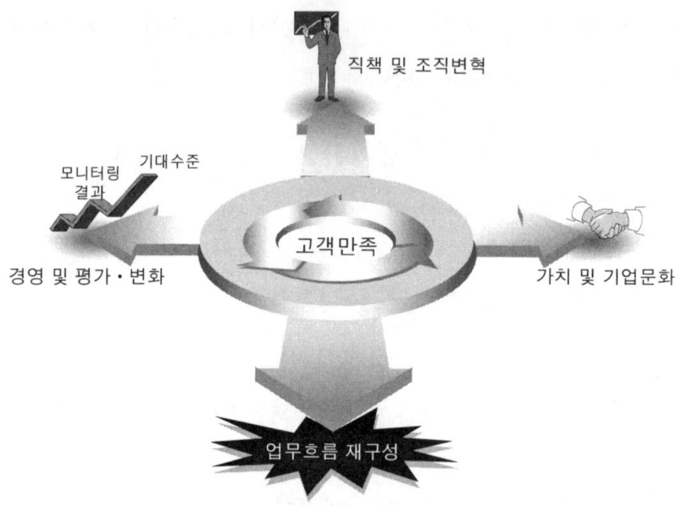

④ **새로운 제품에 대한 시장유입의 기간 감소:** 프로세스가 단순해짐에 따라 신제품에 대한 시장 유입의 기간 역시 감소된다.

⑤ **더 좋은 상품과 서비스 품질 강화:** 한층 개선된 품질과 서비스를 제공하지 않으면 오늘날의 경쟁사회에서 살아남기 어려울 것이다. 고객 만족과 경쟁우위를 확보하기 위해서 경영혁신이 이루어지는 것이며, 그에 따른 효과로 더 좋은 상품과 서비스의 품질이 강화되는 것은 당연하다.

2.2 BPR의 원칙 및 절차

2.2.1 BPR의 원칙

기업마다 BPR은 실행하고자 하는 목표와 재설계될 대상 프로세스의 성질, 그리고 기업이 처한 상황 등이 다르기 때문에 프로세스를 어떻게 재설계해야 하는가에 대한 일반적이고도 통일된 원칙을 찾기란 매우 어렵다. 따라서 여기서는 마이클 해머가 제시한 원칙과 실행절차를 살펴본다.

① **업무를 과업 중심이 아닌 결과 중심으로 구성:** 이 원칙은 한 사람이 특정 업무의 한 과업에만 종사하기보다는 그 과업의 결과가 만들어질 때까지의 모든 과정과 과업을 책임지고 수행하게 하는 것이다.

② **처리 결과를 활용하는 사람이 처리업무를 수행:** 업무의 처리와 결과의 활용이 서로 다른 사람에 의해 이루어짐에 따라 나타나는 비효율성을 제거하기 위해서는 결과를 활용하는 사람이 필요한 결과를 만들어 내는 업무를 직접 수행하도록 재설계해야 한다.

③ **정보는 발생되는 곳에서 한 번만 처리:** 바코드, 전자문서교환, 영상처리, 온라인 데이터베이스 등을 통해 정보가 한 번만 처리되도록 함으로써 자료의 수집과 전달, 부서 간 자료의 공유가 용이해졌다. 이로 인해 각 부서들의 중복된 자료수집의 수행을 덜게 된다.

④ **정보를 생성하는 부서가 정보를 직접 처리:** 정보기술의 발달로 인해 정보를 생성하는 부서에서 업무를 직접 처리하는 것이 가능하게 되어 일관성을 유지하고 자료의 중복처리를 최소화할 수 있게 되었다.

⑤ **지리적으로 분산된 자원:** 지금까지는 정보기술이 뒷받침해주지 못했기 때문에 자원의 분산관리, 즉 사람, 장비, 재고 등과 같은 자원을 중앙 집중관리 할 수 없었지만 정보기술의 발달로 인해 분산된 자원을 집중적으로 관리할 수 있게

되었다.

⑥ **병렬처리 업무는 진행 과정에서 연결 및 조정:** 정보기술을 활용함으로써 순차적인 업무들은 가능한 한 병렬로 처리하여 업무 완료 시간을 단축하고 이를 효과적으로 수행하기 위해 병렬화된 업무들 사이의 연결을 강화하고, 필요시 이를 조정하고 통합할 수 있게 되었다. 예를 들면 통신기술, 데이터베이스, 원격회의 등의 정보기술 활용 등이다.

⑦ **의사결정이나 통제 기능은 처리 과정 내에 존재:** 업무처리의 유연성과 의사결정의 신속성을 유지하기 위해서는 업무를 수행하는 사람이 의사결정을 실행할 수 있도록 하고, 감독자 없이도 업무처리 과정상에 업무지침 등의 통제장치를 독자적으로 마련할 수 있어야 한다. 이를 위해서 의사결정 권한이 경영자에게서 작업을 수행하는 사람에게로 이양되어야 한다.

2.2.2 BPR의 추진단계

BPR을 추진하기 위한 단계는 [그림 2-2]와 같이 크게 경영비전과 프로세스의 목적 설정, 경영혁신 대상 프로세스 선정, 기존 프로세스의 이해와 평가, 필요 정보기술의 파악, 그리고 새로운 프로세스의 시범 운용의 5단계로 나눌 수가 있다.

BPR의 추진 단계에 대한 세부적인 설명은 다음과 같다.

① 첫 번째 단계는 전체종업원이 공감할 수 있는 사업비전의 제시와 이와 관련된 각 프로세스의 목표를 설정하여 체계적인 BPR이 이루어져야 하며, 사업비전을 달성할 수 있는 프로세스의 확고한 목표가 먼저 수립되어야 한다. BPR의 목

표 중 최고 경영층에서 가장 중요하게 생각하는 원가절감은 프로세스의 가장 중요한 목표이면서 동시에 생산성 향상이나 업무환경의 개선 등과 같은 또 다른 목표들과의 연계가 중요하다.

② 두 번째 단계는 기업 내에 존재하는 프로세스들을 파악한 후 BPR의 대상이 되는 프로세스를 선정하는 것이다.

③ 세 번째 단계는 BPR의 대상으로 선정된 프로세스들의 현재의 업무방식에 따른 만족도를 평가하는 것이다. 이에 따라 현재 업무에 대한 문제점과 개선해야 할 사항들을 규명한다.

1. 경영비전과 프로세스의 목적 설정
- 목적의 우선순위와 BPR의 최종목표 설정

2. 경영혁신 대상 프로세스 선정
- 중요하거나 개선해야 할 업무체계 정의

3. 기존 프로세스의 이해와 평가
- 현재의 문제점 및 개선기준을 선정

4. 필요 정보기술의 파악
- 새로운 업무체계 토의

5. 새로운 업무체계의 시범 운용
- 조직적·기술적인 측면을 고려하여 구현

[그림 2-2] BPR의 추진단계

④ 네 번째 단계는 BPR에 사용될 수 있는 정보처리 기술을 먼

저 파악하고 프로세스의 혁신에 사용될 수 있는 정보처리 기술을 파악한 후 개선 프로세스를 도출한다.

⑤ 다섯 번째 단계로 개선 프로세스는 프로토타이핑 방식으로 실시하는 편이 좋으며, 개선 프로세스의 개발은 현재 프로세스의 작업방식을 고려하지 않고 단순히 프로세스의 목표와 이를 달성하기 위한 새로운 작업방식을 제안하는 형태가 바람직하다. 개선된 프로세스의 결과들은 정량적, 정성적인 성취도에 의해 다양한 방식으로 평가되고 그 결과를 프로세스 개선 전과 비교함으로써 전체적인 BPR의 결과를 평가한다.

2.2.3 BPR의 방해요소들

지금까지 존재했던 모든 경영기법들이 그러하듯 BPR의 경우에도 이를 기업에서 실제로 추진하는 과정에서 많은 문제점들이 발생하여 소기의 성과를 달성하는데 큰 지장을 초래하는 경우가 빈번히 발생하곤 한다. Hammer and Champy는 실제로 BPR을 추진한 조직의 50~70%가 실패를 경험한 것으로 추정하고 있는데, 그들은 이처럼 실패한 조직의 사례들을 종합하여 BPR이 실패하게 되는 경우의 목록을 제시하였다. 다음의 <표 2-1>에 제시되어 있는 목록은 BPR의 추진과정에서 저지르기 쉬운 다양한 유형의 잘못을 포함하고 있어, 향후 BPR을 추진하려하는 조직의 경영자들을 위한 점검표(checklist)로서의 가치가 크다 하겠다.

또한, BPR은 과거 업무방식을 근본적으로 변화시킬 가능성이 높으므로 새로운 업무방식의 구축 이전에 방해요소들을 미리 파악하여 대비하여야 한다. 인덱스 그룹의 조사결과로는 BPR을 수행하였던 회사들의 약 25%가 실패하였다고 한다. 구체적으로 약 4%의 경우는 대 실패를 하였으며, 21%는 기대보다 훨씬 적은 결

〈표 2-1〉 BPR이 실패하게 되는 경우

①프로세스에 초점을 두지 않는 경우
②프로세스를 기본적으로 변화시키지 않고 고치려 하는 경우
③프로세스 재설계 이외의 모든 것을 무시하는 경우
④조직구성원들의 가치나 신념을 무시하는 경우
⑤작은 성과에 안주해 너무 빨리 포기해버리는 경우
⑥너무 많은 프로세스를 한꺼번에 고려하는 경우
⑦사전에 미리 문제나 BPR 활동의 범위에 제약을 두는 경우
⑧어느 누구도 불이익을 당하지 않도록 하면서 BPR을 추진하는 경우
⑨BPR에 의한 변화에 사람들이 거부반응을 보이면 중단하는 경우
⑩프로세스 설계에만 집착하고 그것을 실행하는 데는 무관심한 경우
⑪기업문화나 경영자의 태도가 BPR을 시작조차 못하게 하는 경우
⑫BPR이 밑에서부터 위로(bottom-up) 일어나도록 유도하는 경우
⑬BPR에 대한 이해가 결여된 사람이 책임자가 된 경우
⑭BPR을 위해 필요한 자원의 투입에 인색한 경우
⑮BPR을 다른 업무개선기법들과 구분하지 못하는 경우

출처: Hammer and Champy[1993]

과를 가져왔다고 한다. 이들 회사들을 조사한 결과 31.5%는 BPR의 실제 구현과정에서 실패하였으며, 21%는 고객과 직원들의 원활한 의사소통이 이루어지지 않아 상호간 비협조로 실패하였으며 6.5%는 뿌리 깊은 현재의 업무체제 전환을 이루지 못하여 실패하였다. 따라서 BPR을 시도하려는 기업들은 반드시 실제 구축할 수 있는 환경을 사전에 미리 준비하는 자세가 필요할 것이다.

2.3 BPR과 ERP의 연계 방안

2.3.1 BPR 구현수단으로서의 ERP 역할

기업이 ERP 시스템을 도입하게 되면 ERP 패키지에 내포되어 있는 선진 프로세스(Best Practice)를 자연스럽게 회사 내에 적용시킬 수 있게 되어 BPR을 자동적으로 수행한 결과를 가져온다.

ERP 도입 초기에는 기업체들의 경영혁신 수단으로 컨설팅 회사에 의뢰하여 BPR을 수행하고, BPR 결과가 도출되면 이를 기반으로 정보시스템을 전문적으로 개발하는 SI(System Integration) 업체에 외주용역(Outsourcing)을 주거나 자체개발(In House) 또는 BPR 결과에 적합한 ERP 패키지를 선택하는 방식으로 ERP 시스템을 도입하였다.

그러나 최근 들어 많은 구축 경험과 검증을 거쳐 ERP 시스템들이 선진 프로세스를 자체적으로 갖추게 되면서 별도의 BPR을 수행하지 않고 자사의 실정에 맞는 ERP 패키지를 도입하는 추세이다. 하지만 아직까지는 ERP 내에 구현된 선진 프로세스들이 국내기업의 업무처리 방식이나 상거래 관행 등에 맞지 않는 부분이 많아서 적용상에 신중을 기해야 한다.

2.3.2 BPR과 연계한 ERP 도입 전략

1990년대에 전 세계를 강타한 BPR의 실천적인 구현수단이 ERP 시스템이라고 볼 수 있다. 그렇지만 기업이 ERP 도입과 구축 전략을 잘못 수립하면 막대한 비용만 낭비하고 ERP 구축이 실패로 끝날 수 있다. 이에 대응하기 위하여 BPR과 연계한 ERP 도입 전략으로 네 가지 대안을 고려해 볼 수 있다. 이것은 ERP를 도입하려는 각 기업이 각 대안을 면밀히 분석한 후, 기업 고유의 특성에 맞는 최적안을 선택하면 될 것이다.

① **기존 업무처리 관행에 따라 ERP 패키지를 수정하는 방안:** 이 방안은 교육훈련을 최소화시킬 수 있으나, 패키지의 수정이 너무 많고, 리엔지니어링 효과가 거의 없다는 것이 단점이다.

[그림 2-3] BPR과 연계한 ERP 도입 전략

② **BPR을 실시한 후, 이에 맞도록 ERP를 도입하는 방안:** 이 방안은 요구사항이 명확해져 도입 효과는 높으나, ERP 패키지가 리엔지니어링을 지원하지 못하는 경우에 다시 조정해야 하는 단점이 있다.

③ **BPR과 ERP를 병행 도입하는 방안:** 이 방안은 시너지 효과를 거둘 수는 있으나, 장기간 소요될 수 있다는 단점이 있다.

④ **ERP 패키지에 맞추어 BPR을 추진하는 방안:** 이 방안은 단시일 내에 가시적인 효과를 거둘 수 있으나, 도입되는 ERP 패키지에 따라서 결과가 완전히 달라질 수 있다는 위험부담과 함께 조직의 핵심 성공 요인인 경쟁원천이나 기업 고유의 특성이 희석될 수 있다는 단점을 가지고 있다. 위의 ERP 도입을 위한 네 가지 전략 중에서 일반적으로 기업에서 채택하고 있는 전략은 두 번째 전략인 BPR을 수행한 후 이에 적합한 ERP를 도입하는 방안이다.

2.4 BPR 도입 시 고려사항

BPR은 반드시 조직에 변화를 가져오게 된다. 그 변화의 범위는 업무처리, 업무처리정책, 조직, 문화, 인원 배치 등의 모든 부분을 포함한다. 그 변화의 범위가 상당히 크기 때문에 자칫하면 실패나 부작용으로 조직에 혼란을 주기 쉽다. 이러한 부작용을 최소화하고 성공적인 추진을 위해서 다음과 같은 요소를 적극적으로 검토하여야 할 것이다.

① **최고경영자의 강력한 리더십:** 프로세스 지향의 BPR은 기업 전 부문에 대해 프로세스를 대상으로 하기 때문에 모든 구

성원들의 적극적인 참여가 필수적이다. 이러한 참여를 이끌어내기 위해서는 최고경영자의 강력한 리더십과 조정 능력이 필요하며, 이것은 BPR을 추진하여 성공하는 가장 중요한 요소가 된다.

② **전사적인 참여:** BPR은 전사적인 차원에서의 참여가 필수적이다. 이를 위해서 최고경영자의 리더십이 필요하지만, 구성원 모두의 자발적인 참여가 있을 때만이 진정한 BPR의 효과를 얻을 수 있게 된다. 과거의 낡아빠진 업무방식과 절차로는 현재의 경쟁체제에서 더 이상 살아남지 못할 것이라는 인식이 기본이 되어야 하며, 구성원 모두가 진정한 주인의식을 가지고 BPR에 참여할 때만이 성공할 것이다.

③ **추진 주체의 올바른 구성:** BPR이 정보기술을 기반으로 시행된다고 해서 정보시스템 부서를 주축으로 시행해서는 안 된다. 이것은 정보기술이 업무효율화를 위해 필요한 것이 아니라, 업무 재설계를 위해 사용된다는 점을 인식하여야 한다. 정보시스템 부서를 주축으로 BPR을 도입한 회사의 실패 사례가 많다는 것이 입증되었다. 따라서 BPR은 대상 프로세스에 관련된 부서를 주축으로 경영혁신 추진조직을 구성하여 추진하되 그 구성원의 일부로서 정보시스템 부서장을 포함시키는 것이 바람직하다.

④ **효과적인 커뮤니케이션:** 효과적인 커뮤니케이션은 BPR 변화와 관련하여 가장 중요한 요소 중의 하나로 명확하고, 정직하게 이루어져야 한다. 그래야만 민감한 부분들에 대한 이해도가 높아질 것이다.

⑤ **기업의 핵심 프로세스 파악:** BPR의 주요 성공요인 중의 하

나는 해당 기업의 핵심 비즈니스 프로세스가 무엇인지를 명확하게 파악하는 것이다. 핵심 비즈니스 프로세스란 고객의 필요에 대응하고, 기업의 비즈니스 성공에 중요하며, 범위 내에서 여러 기능에 걸쳐있고(trans-functional), 다른 프로세스를 모니터하는 것이 아니라 결과물에 초점을 맞추며, 경쟁적인 우위를 이끌어 낸다. 즉, 핵심 프로세스가 효율적이면 고객의 가치를 증대시키고, 비즈니스의 수익성을 높여준다.

⑥ **지속적인 변화관리:** BPR을 통한 업무 프로세스 재설계, 조직 및 제도개선, ERP 등의 시스템 구축으로 사내·외 이해관계자들에게 미칠 수 있는 잠재적인 영향력을 파악하고 발생 가능한 저항을 관리하며 변화를 촉진시키는 지속적인 과정을 말한다. 변화관리 프로그램은 BPR 프로젝트 진행 단계, 프로젝트 이후 단계로 나눌 수 있다. 프로젝트 진행 단계에서는 BPR 추진상의 주요 마일스톤에 따라 변화관리 프로그램도 다양하게 진행되어야 할 것이다. 변화의 대상은 임원, 관리자, 사용자, 외부 공급업체, 고객에 따라 교육과정과 내용이 차이가 있다. 변화관리 프로그램은 프로세스의 변화, 조직/제도의 변화, 시스템 환경 및 사용상의 변화를 프로젝트 이해 관계자들이 충분히 공감하고 이해할 수 있는 교육 및 훈련으로 진행되어야 한다.

03 CHAPTER

ERP 패키지 소개 및 구성체계

>>>

3.1 ERP 패키지 도입 방법

3.1.1 ERP 패키지 채택의 중요성

최근까지 기업의 업무 애플리케이션 시스템의 대다수는 하나부터 열까지 모든 프로그램을 개발하는 수작업 방식(주문제작 방식)이 주류를 이루었다. 개발을 담당하는 것은 대기업의 경우에는 자사의 정보시스템 부문이며, 중소기업의 경우는 외부 소프트웨어 업체였다. 그리고 개별적으로 개발, 구축된 자사의 독자적인 업무 어플리케이션 시스템이 생산, 판매, 물류, 회계, 인사 등의 기간업무별로 효율 향상을 위해 이용되고 일정한 성과를 올려왔다. 그러나 이러한 수작업 방식으로는 현재의 경영환경의 변화 속도에 대응할 수 없다.

ERP 시스템 구축 시 ERP 패키지를 채용하는 것은 종래의 방식과 비교해 장점이 많다. 지금까지의 ERP 패키지 채용 성공사례에서 일반적으로 다음과 같은 장점 및 효과를 기대할 수 있다.

① **개발기간의 단축:** ERP 패키지는 기업의 기간업무 전체를 대상으로 설계된 기성품 소프트웨어 제품이기 때문에 지금까지 시스템 개발에서 행해지던 업무 분석, 설계, 그리고 프

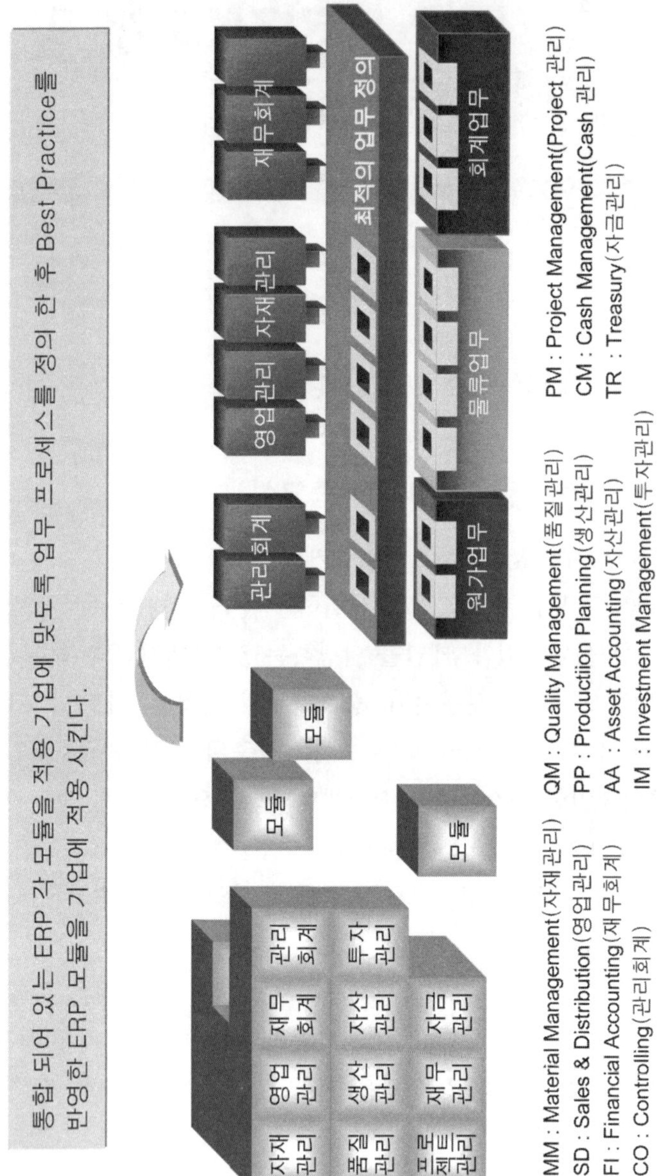

[그림 3-1] ERP 모듈 적용 개념

로그래밍 등의 단계를 생략할 수 있다. 그리고 ERP 패키지 공급업체가 제공하는 베스트 프랙티스(Best Practice)를 반영한 표준 업무모델을 이용하거나, 프로세스를 표준화한 도입 방법을 활용하여 ERP 시스템의 본격 가동까지의 개발 기간을 대폭 단축할 수 있다.

〈표 3-1〉 자체 시스템 개발과 ERP 패키지 도입방식의 비교

구 분	자체 시스템 개발 시	ERP 패키지 도입 시
개발 및 도입기간	개발 시 많은 비용과 시간 소요	단기간 구축 및 사용가능
개발내용 및 범위	현재의 회사업무 프로세스와 조직 및 제도를 전산화하여 경영혁신에 어려움을 겪음	'Best Practice'라는 선진 업무프로세스를 적용, 프로세스 개선 및 경영혁신 가능
유지보수	전문인력에 의한 많은 유지보수 노력 요구	표준화된 처리 절차로 손쉬운 유지보수
도입 및 개발 주체	개발자 중심	사용자 중심
프로세스 변화	프로세스 변화에 따른 추가 개발로 신속한 대응이 어려움	표준화된 프로세스를 수용, 경영 혁신 및 프로세스 변경이 용이하다.
정보기술 변화	정보기술의 발전에 따라 재개발 필요	패키지 업체의 서비스로 지속적인 개선 및 발전, 신속한 대응 가능
품질 및 검증	자체 방법론 이용	검증된 방법론 및 기술로 위험부담 최소

② **총 개발비용의 절감:** ERP 패키지는 현재의 업무 내용이나 업무 수행 방법을 재검토해 가능한 한 부합시킴으로써 패키지의 수정이나 추가적인 시스템의 유지보수(Maintenance)가 용이하고, 서비스 또한 충실하기 때문에 ERP 패키지 도입 후의 운용에 필요한 비용도 절감할 수 있다.

③ **단계적 도입이 가능:** 생산, 판매, 회계 등의 기간업무 각각에 대응한 모듈로 구성된 ERP 패키지에서는 각 모듈간의 독립성이 유지되고 통합 데이터베이스를 매개로 관련지어

져 있다. 따라서 도입 기업의 사정에 맞추어 수요가 많은 모듈부터 단계적으로 ERP 시스템을 구축할 수 있다.

④ **과거의 도입 실적에서 축적된 노하우를 활용:** ERP 패키지를 이미 도입한 선진 기업의 성공사례나 동종 업종 기업의 활용사례를 통해 축적된 기업 모델을 풍부하게 제공하기 때문에 자사의 시스템 구축에 참고할 수 있다.

3.1.2 ERP 패키지 선정 시 고려사항

〈표 3-2〉 ERP 도입 시 체크사항

고려사항	점검결과	문제점
• 능력 있는 프로젝트 관리자를 선정한다.		
• 최고경영자의 프로젝트에 대한 관심과 소신이 확고하다.		
• 조직구성원의 ERP에 대한 이해가 명확하다.		
• ERP 구축을 위한 중장기 계획이 확정되어 있다.		
• 적정한 예산이 확보되어 있다. – 하드웨어(H/W) – 소프트웨어(ERP S/W, 데이터베이스) – 네트워크 관련비용 – 컨설팅 – 교육 훈련 – 기타 예비비용		
• ERP 도입을 위한 전담팀이 구성되어 있다.		
• 프로젝트 참여인력의 역할과 책임분담이 명확하다. – 기업 내부 팀과 참여인력 – 기업 외부 팀과 참여인력		
• 프로젝트 품질 보증 계획이 확정되어 있다.		
• ERP 제품의 관련 항목을 점검한다. – ERP 공급업체는 신뢰성이 있는가? – 참고할만한 사이트는 있는가? – 패키지 수정 보완방식은 수월한가? – 패키지 구축 방법론은 있는가? – 최신의 정보기술을 포함하고 있는가? – 패키지 성능저하 문제는 없는가?		

기업의 정보화 추진방안은 패키지 활용(Using Package), 자체개발(Insourcing), 외주용역개발(Outsourcing) 등 다양한 형태로 추진할 수 있지만 일반적으로 패키지를 활용하여 구축하는 것이 바람직하다. 그러나 대부분의 기업에서 수많은 대안을 검토하고 평가하기 위한 표준 지침이 없어 ERP 패키지의 선정 과정에서 많은 어려움을 겪게 된다.

유사한 패키지들이 혼재되어 있는 상황에서 적절한 ERP 패키지를 선정하는 것은 쉬운 일이 아니다. 따라서 기업의 성공요소 실현을 위한 요구기능을 만족시키는 패키지, 해당 기업의 실정을 반영하는 패키지를 선정하기 위하여 패키지 및 개발 업체 선정을 위한 객관적인 기준 및 가이드라인이 제시되어야 한다. 기업은 전반적인 비즈니스 요구사항을 구체화하는 것부터 시작하여, ERP 시스템을 선택할 때 주의 깊고 체계적으로 행해야 한다. 기업이 ERP를 선택할 때 공통적으로 고려해야 하는 변수들의 예를 들어 보면 다음과 같다.

- 사용의 용이성
- 핵심 비즈니스 프로세스 지원 능력
- 특별한 프로세스의 지원 능력
- 운영되는 데이터베이스나 하드웨어(H/W) 종류와 같은 기술적인 요구사항

3.1.3 ERP 시장 분류

전통적 개념의 ERP 수요는 포화상태에 이르러 현재 세계 ERP 시장은 이미 성숙기로 접어들어 수요가 둔화되고 있는 상황이다. 하지만, 기존에 ERP를 도입한 기업들이 공급망 관리에서부터 고객관리까지 업무 연동을 확보하기 위하여 확장형 ERP의 도입은

증가할 것으로 기대된다.

ERP 공급업체는 대기업을 중심으로 한 다국적 기업들과 중소기업을 중심으로 한 토종기업으로 나눌 수 있다. 하지만 대기업 ERP 시장이 포화상태에 이르면서 SAP, 오라클(Oracle) 등 다국적 기업들이 속속 중소기업 시장에 뛰어들고 있는 실정이다. 이에 대항하여 국내토종 ERP 업계에서는 기업의 업종별 비즈니스 환경에 맞는 특성화된 ERP 솔루션과 고유의 업무로 인한 대규모 커스터마이징에 대한 부담, 그리고 가격에 민감한 중소기업 시장에서 상대적으로 다국적 기업보다 낮은 가격으로 솔루션을 판매함으로써 경쟁력 확보에 주력하고 있다.

3.1.4 ERP 패키지의 기능

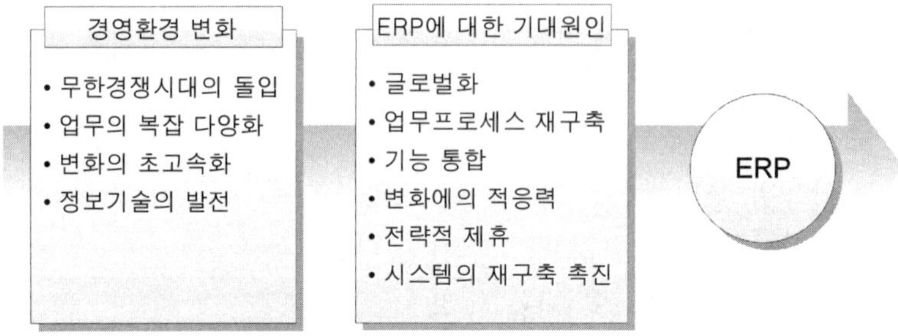

[그림 3-2] 경영환경의 변화에 따른 ERP에 대한 기대

오늘날 기업은 전 세계의 기업들과 무한경쟁을 치러야 하며, 고객의 욕구와 경쟁자의 변화나 움직임에 즉각적으로 대응할 수 있어야 한다. 또한 갈수록 복잡하고 다양해지는 업무를 소화해야 하며, 이를 위해서는 급속도로 발전하는 정보기술을 활용해야 한다. 특히 ERP에 대한 기대는 비즈니스의 글로벌화, BPR, 변화에의 적응력 등의 요구로부터 출발한다.([그림 3-2] 참조)

이와 같은 기대에 의해 ERP 시스템은 향후 조직의 중요한 축을 이룰 것으로 기대되고 있으며, ERP 시스템이 갖는 장점과 기대효과를 보면 경영적, 기술적 측면으로 나눌 수 있다.

경영적 측면에 대한 사항은 다음과 같다.

① 제공된 표준 모델을 이용하여 정보시스템 구축 용이
② 강력한 OLAP(On-Line Analytical Processing)[1] 기능을 통한 계획 대비 실적에 대한 분석으로 정확한 의사결정의 지원
③ 업무 프로세스의 정의, 실행 및 관리를 가능하게 함으로써 완벽한 관리 시스템 구현
④ 통계적 수치와 자료에 의한 시뮬레이션을 이용하여 기업 환경 변화에 사전적으로 대처
⑤ 수요예측 및 생산계획, 납품 일정계획 등을 통한 대고객 서비스 증대
⑥ 업무와 자료의 표준화에 의한 시스템 통합으로 정보의 일관성 유지 및 관리의 중복을 배제하여 업무 능률의 향상 도모

또한 기술적 측면의 장점과 기대효과는 다음과 같다.

① 외부 시스템과의 통합 용이
② 데이터웨어하우스(Data Warehouse)[2]와 같은 광범위한 자료분석 도구를 이용하여 사용자의 유연한 자료 활용이 가능
③ 클라이언트/서버 기술로 기존의 통신망 자원의 활용을 극대

---

1) OLAP(On-Line Analytical Processing)이란 최종 사용자가 데이터베이스에 직접 접근하여 대화식으로 정보를 분석하고 의사결정에 활용하는 과정이다.
2) 데이터 웨어하우스(Data Warehouse)란 사용자의 의사 결정에 도움을 주기 위해 다양한 운영 시스템에서 추출, 변환, 통합되고 요약된 데이터베이스로, 데이터 웨어하우스를 이용함으로써 고객의 구매 동향, 신제품에 대한 반응도, 제품별 수익률 등 세밀한 마케팅 정보를 획득할 수 있다.

화하여 불필요한 투자요인 감소

3.1.5 ERP 패키지의 개요

최신 정보기술을 활용해 생산, 판매, 물류, 회계, 인사 등 기업의 기간업무 전체를 망라하는 기업정보시스템을 통합 데이터베이스에서 실현한 기성품 통합 애플리케이션이 ERP 패키지이다. ERP 패키지의 최대 특징은 통합성으로 주요 기간업무를 대상으로 하고 있다는 점에서 생산관리 소프트웨어나 회계 소프트웨어 등 개별 업무 대응형 애플리케이션 패키지와는 다르다. ERP 패키지들의 공통된 특징은 다음과 같다.

- 전체 구조가 명확하게 정리되어 있다.
- 구축방법과 순서가 미리 준비되어 있다.
- 생산, 판매, 회계, 인사 등의 기간업무에 대응한 모듈이 풍부하고 각 기능이 충실하다.
- 최신 정보기술에 기민하게 대응하고 개방성이 확보되어 있다.
- 세계표준의 정보기술이 채택되어 있다.
- 사업내용이나 경영조직상의 변화에 대한 유연성, 확장성이 확보되어 있다.
- 통합 데이터베이스의 채택에 의해 데이터와 정보의 일원화와 공유가 가능하다.
- 유지보수 등의 서비스가 별도로 제공된다.
- 도입 시의 교육, 훈련 등의 지원체제가 충실하다.

3.2 ERP 패키지의 모듈 구성

기업의 기간업무를 어떠한 기준으로 모듈화 시킬 것인지에 대한 문제는 ERP 패키지 공급업체의 방식에 달려 있다. 생산, 판매, 회계시스템 등은 거의 모든 ERP 패키지에 공통된 모듈이며, 특정 ERP 패키지만 제공하고 있는 모듈이나 기능도 있다. 여기에서는 현재 국내외에서 유통되고 있는 많은 ERP 패키지가 표준적으로 갖추고 있는 일반적인 업무 기능에 대해 설명한다.

3.2.1 인사/급여관리

인사/급여관리 시스템은 인적 자원의 효율적 관리를 통한 가치 창출을 궁극적인 목표로 개발되었으며, 인재의 채용에서 퇴직까지의 전 과정을 체계적으로 관리함으로써 조직의 시너지를 극대화할 수 있도록 지원하는 시스템이다.

(1) 기존 문제점

- 인사 마스터의 자료가 시스템화된 업무가 아닌 인사관리 카드에 의한 수작업으로 이루어짐에 따라 서류관리의 불편함과 데이터 추출의 어려움
- 인사 마스터의 자료에 따른 근태, 급여, 승진 등의 관리가 이루어지지 못해 매월 급여 반영 시 착오 발생
- 발생되는 데이터의 양이 많아 불필요한 시간이 소요
- 국민연금, 의료보험 등의 단순 업무에 치중하는 비효율 발생

〈표 3-3〉 인사관리시스템의 주요 기능

구분	기능	내용
기준정보관리	인적자원관리의 기준정보를 셋팅	기준정보를 등록/수정/관리할 수 있으므로 업무의 효율을 높일 수 있다.
	손쉬운 급여 계산식 등록	쉽게 급여계산식을 등록/관리할 수 있으며, 계산 적용 식을 변경하거나 추가할 수도 있다.
인사관리	기업에서 요구되는 인사자료를 관리	기본인적사항, 인사, 학력, 자격면허, 출장관리, 승진/이동관리 등 인사자료를 관리할 수 있다.
	근태를 활용하여 급여계산에 반영	매일 발생하는 근태, 시간외근로를 관리하여 급여계산이나 각종 증명서 출력을 할 수 있다.
채용관리	구체적인 결원정보 및 해당부서의 채용공지	결원정보 및 해당부서로부터의 충원요청으로 어느 조직에서 어떤 일을 할 것이며, 어떤 역량이 필요한 인력을 모집하는지 구체화하여 채용공지를 함으로써 보다 적합한 인재를 적시에 채용할 수 있다.
평가관리	피평가자의 업적/역량평가와 팀평가	업적/역량 기반의 평가작업이 이루어지며, 개개인의 평가작업 및 팀 평가작업을 할 수 있다.
보상관리	급여관리와 계산	보상관리는 인사기본정보와 연계된 모듈에서 기초자료를 참조하며 지급항목별 내역을 개인별로 등록하여 정기/비정기에 관련 없이 효과적으로 관리할 수 있다.
	퇴직관리와 급여통제	임직원들의 퇴직 시, 이에 대한 퇴직관리와 인사자료를 관리할 수 있다.
복리후생관리	4대 보험/복리후생	4대 보험관리와 동호회보조, 개인연금보조 등의 복리후생을 관리할 수 있다.
	규정관리	인사 규정을 등록, 수정 및 출력을 할 수 있으며, 구성원들이 언제, 어디서나 조회할 수 있다.
교육관리	임직원 교육결과 관리	교육의 신청 및 비용 등의 정보를 관리하며 결과에 대한 자료를 관리한다.

(2) ERP 시스템의 반영

- 인사 마스터의 자료 입력으로 국민연금, 의료보험, 고용보험의 처리가 가능하고, 임직원 각각의 이력사항을 기록함으로써, 경영진에게 언제나 최신의 자료를 제공할 수 있음

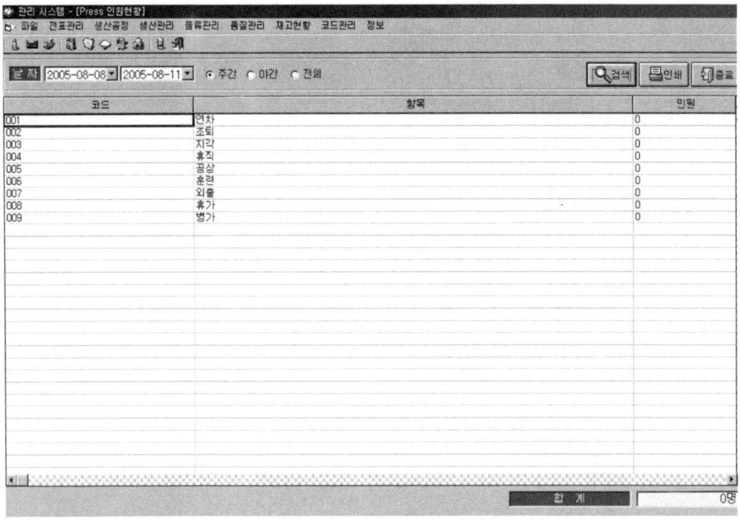

[그림 3-3] ERP 인원현황 예시

- 인사 마스터, 근태 마스터 자료 및 급여 마스터의 자료에 근거한 급여 처리가 이루어짐
- 인사마스터의 부서, 직급, 호봉, 사번 등의 자료를 바탕으로 근태 업무가 처리되며, 사업장이 한 곳 이상일 경우에는 전용선을 통해 본사 담당자가 편리하게 처리할 수 있음

3.2.2 자재/구매관리

자재/구매관리는 필요한 물자를 조달하기 위하여 구매요청, 구매승인 발주 등을 수행하며 원재료, 설비, 수리부품, 소모품 등의 구매행위가 모두 포함된다. 필요 시점에 구매 리드타임[3])을 감안하여 발주, 안전 재고를 확보하며, 구매 발주 업무 시간을 단축하

3) 리드타임(lead time)이란 원자재가 입고되는 시점에서부터 제품이 완성되어 출고되는 시점까지 걸리는 시간을 의미한다. 각 산업마다 리드타임에 대한 정의는 틀리지만, 일반적으로 주문 후 납품까지의 소요 시간을 산정 할 때 많이 사용된다.

고, 사용부서에서 구매 요청을 할 수 있어 중복업무를 배제한다. 자재재고 현황을 확인할 수 있어서 과잉 구매로 인한 불용자재의 최소화가 가능하다.

(1) 기존 문제점

- 작업장과 외주 공정상의 공정재고를 파악하기 어렵고, 창고의 상황 데이터가 공장에 직접 공유되지 못함
- 자재의 원활한 공급이 이루어지지 못해 각종 전표(자재청구서)의 관리에 어려움이 발생함
- 구매발주 계획 시점에서 창고의 재고파악의 어려움으로 인해 많은 시간과 비용이 소요됨
- 생산관리 측면에서 필요한 원자재가 어느 시점에 발주되어 입고되는지에 대한 정보가 불명확함에 따라 문제점 발생

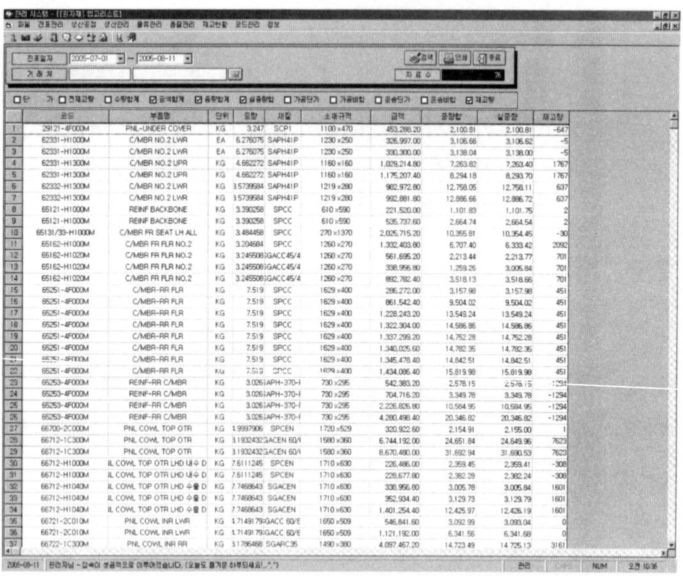

[그림 3-4] 원자재 입고리스트 예시

〈표 3-4〉 자재/구매관리 시스템의 주요 기능

기준정보관리	기준정보 관리	자재관리의 기본정보는 공통기준정보인 창고정보, 품목정보 이외의 수불유형, 경비코드 자동 채번 및 결재란으로 구성된다.
수급관리	MRP 수급계획 반영	생산계획 또는 수주내역에 등록된 품목을 가공하기 위해 필요한 매입 품목의 필요량을 산출한다.
	구매BOM 활용	특정 MRP계획자료를 토대로 기준정보의 BOM을 활용하지 않고 별도의 투입 정보를 활용하여 MRP계산을 수행할 수 있다.
	자재소요량 조정	자재소요량 계산시 일괄적으로 반영하지 못한 구매품목에 대해 자재 소요량에서 산출된 총 소요량을 구매 품목별로 조정하여 등록이 가능하다.
	구매요청 등록	BOM에서 관리할 수 없는 소모품 또는 부품에 대해 필요부서에서 발주담당 부서에 구매요청의뢰를 수행할 수 있다.
발주관리	발주예정조정	MRP계산에 의한 구매요청자료 또는 필요부서에서 구매요청 의뢰한 자료를 발주 부서에서 확인 및 조정 사항에 대한 조정 및 승인을 수행할 수 있다.
	발주등록	발주예정 자료에 대한 조정 및 승인이 이루어진 정보는 발주예정일을 기초로 자동으로 발주를 등록할 수 있다.
	발주마감	거래처에 주문을 취소하고자 하는 경우와 입고 진행 중인 미납량에 대해 더 이상의 납품을 원하지 않는 경우에 발주마감을 수행한다.
접수/검사관리	접수/검사관리	납품업체로부터 자사가 주문한 구매품을 인수하고 인수한 물품 사양의 하자유무에 대한 내역을 관리함으로써 납품업체에 대한 납품율, 불량률을 관리할 수 있다.
수불관리	수불관리	납기에 생산할 수 있도록 자재를 조달하고 조달된 자재의 적정 재고보유현황의 관리를 통해 효율적인 재고관리를 수행할 수 있다.
	수불관리 업무	접수/검사를 마친 품목에 대한 입고, 예외 입고, 창고의 자재이동, 구매단가의 일괄변경, 입고금액 수정, 예외반품, 출고, 반입, 예외반입 및 매각, 폐기에 이르기까지 자재의 수불에 관련된 모든 업무를 포함하여 수불장 및 각종 현황의 표준화된 보고서를 지원한다.
지급결의	대금지급결의	매입업체로부터 납품 받은 물품에 대한 세금계산서 접수시 매입 세금계산서와 자사에 입고된 내역 대조작업을 거쳐 경리부에서 대금지불업무를 수행하게 된다.
재고관리	• 재고관리 • 재고분석	기초재고를 반영한 현재고 및 실재고 조정 등 실물재고 및 장부재고의 전반적인 관리업무를 수행할 수 있다.

(2) ERP 시스템의 반영

- 자재재고 현황을 확인할 수 있어 과잉 구매로 인한 불용자재의 최소화가 가능하다.

- 영업관리에서의 수주와 생산관리의 예측생산 및 주문생산에 의거하여 생산계획 리스트(LOT 분할)가 생산되고, 현 생산라인에서 생산하고 있는 제품에 소요되는 원자재에 대한 계산이 이루어지며, 현 창고의 재고를 자재 소요량 산출(MRP)에 의거하여 순수 자재 구매 리스트와 구매 계획의 생성
- 구매 발주서의 관리와 각종 해당 보고서(구매처 현황, 구매단가 현황, 업체별/일자별/물품별 발주서 현황, 독촉할 구매발주 현황, 지연된 구매발주 현황, 세금계산서 접수현황, 월별 자재별 발주현황, 구매처별 발주현황 등) 생성

3.2.3 생산관리

납기 못지않게 중요한 것이 원가를 얼마나 줄일 수 있느냐하는 것인데, 납기를 맞추고 과잉 재고를 최소화하며, 최적의 공정관리 솔루션을 제공하여 원가절감 활동의 도구를 제공한다.

(1) 기존 문제점

- 과거 일반 기업에서의 생산관리는 전체적인 운영체계의 미흡, 기준 정보의 부족과 부정확함으로 인해 생산을 관리하는 팀장의 경험으로 생산계획을 작성하였으며, 이는 효율성 없는 작업장 운영으로 생산성의 저하를 초래하였다.
- 영업, 자재/구매관리와의 밀접한 관계가 형성되어야 하나, 다른 부서와의 상호 연관성의 부정확성으로 인해 미흡한 관계를 유지함
- 정확한 일일 생산능력과 영업의 수주보다는 예측 생산 계획에 의한 생산으로 장기재고를 생산하는 오류를 범할 수 있다는 큰 문제점이 발생하였다.

(2) ERP 시스템의 반영

ERP 시스템에서의 생산관리 흐름은 다음의 순서로 이루어진다.

① 영업에서의 수주
② 물품 마스터(일일 생산능력, 안전재고, 생산예약 현황)
③ 작업장 관리(작업장의 흐름, 기계설비 배치, 작업자 배치 등)
④ 생산관리(수주생산, 예측생산)
⑤ 일일 생산계획 예측(LOT 분할)
⑥ 작업장별 부하량 산출
⑦ 작업계획 조정
⑧ 생산계획 확정
⑨ 작업지시서 발행
⑩ 자재청구서 발행
⑪ 작업진행 관리(생산실적, 불량현황 등)
⑫ 생산실적 관리

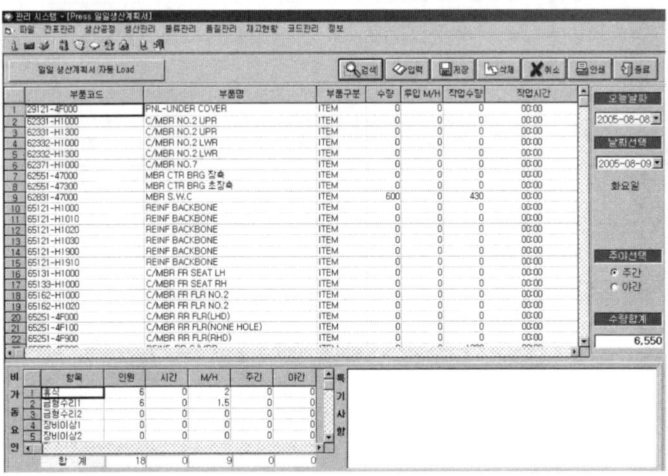

[그림 3-5] ERP 생산일보 예시

보통 외주 작업장 관리는 구매관리에서 많이 하고 있으나, 생산관리에서 외주작업장 관리를 하는 회사들도 많다.

〈표 3-5〉 생산관리 시스템의 주요 기능

구분	기능	내용
기준정보관리	생산시스템 기준정보관리	생산시스템의 기준정보는 작업장정보, 근무조, 일일 작업능력, 공정수순에 대한 관리로 구성된다. 해당 정보를 통해 작업장별 작업능력의 분석이 가능하며 일일 생산능력에 의한 생산계획 수립의 원천정보를 체계적으로 관리할 수 있다.
생산계획관리	연간/월별 생산계획 수립	경영계획 및 연간 판매계획을 기준으로 연간 계획을 수립하여 구매계획 및 생산의 목표 계획으로 관리할 수 있다.
	기간생산계획 수립	기준일 사이에 있는 확정된 수주의 생산 요청일을 기준으로 일일 생산계획을 수립한다.
	생산부하현황	일일 작업능력을 비교하여 주 단위로 생산부하현황 분석을 수행할 수 있도록 지원한다.
자재소요계획	MRP 전개	수립된 생산계획 및 제조계획을 기준으로 구매품목에 대한 소요량을 자동산출(MRP)한다.
제조계획관리	공정별 제조계획 수립	일일 생산계획을 근거로 하여 BOM 또는 제조수순에 의한 작업장별, 반제품별 제조계획을 수립한다.
	작업장별 부하현황	일일 제조계획 수량과 작업장별 일일 생산능력 등록에서 등록된 일일 작업 능력을 비교하여 주 단위로 작업장 별 부하현황 분석을 수행할 수 있도록 지원한다.
작업지시관리	작업지시 관리	공정별로 수립된 제조계획에 대해 실제 작업을 수행할 수 있도록 작업지시를 발행한다.
	출고의뢰 조정 및 생산가능유무 파악	작업지시에 의해 요청된 자재의 출고 요청량을 조정하거나 기존에 작업 지시된 제조계획을 기준으로 제품을 생산하는데 어떤 자재가 얼마나 부족한지를 계산하여 자재결품을 최소화할 수 있도록 지원한다.
생산분석	생산분석 자료	제품생산현황, 공정별 생산현황, 불량현황, 유실공수 현황, 재공재고현황 및 생산 부하현황의 분석자료를 제공한다.
생산실적관리	생산실적 및 공수관리	작업장 및 근무조별 생산실적에 대해 생산성을 분석할 수 있도록 지원한다.
	검사 및 불량관리	생산 실적에 따른 검사 결과내역을 토대로 품질분석을 수행할 수 있다.
	작업특기사항 관리	현장에서 발생된 특기사항을 등록하여 관리할 수 있다.
공정수불관리	재공품 자동수불관리	생산 실적 등록에 의해 사내 가공되는 제품 및 반제품 이외의 재공품은 자동으로 수불이 관리된다.
	재공품 수불조정	자재손실 등의 이유로 공정의 재공 자동수불내역과 실제 수량이 상이할 경우에는 공정의 자재 사용량 조정 및 재공수불정리를 통해 공정의 수불에 대한 장부수량과 재고수량의 차이를 조정할 수 있다.

3.2.4 재무/회계관리

좁게는 사내에서 발생하는 거래 및 일반경비를 집계하여 자산, 부채, 자본 등 재무상태의 관리에서부터 넓게는 각종 장부를 통하여 경영성과 파악 및 신규 의사결정을 하기 위한 중역정보시스템의 기초 데이터로 활용하는 기반을 제공한다.

(1) 기존 문제점

- 일반적인 제조업에서는 자금관리와 회계처리를 함에 있어서 어음관리, 예금관리, 은행관리, 거래처별 원장관리, 회계처리, 결산 등 많은 업무를 보조장부와 수작업으로 진행하고 있으며, 이러한 업무를 획일적으로 처리하기가 어렵고, 또한 어음관리에서는 작은 실수 하나가 기업의 생존까지 위협하는 경우가 발생한다.

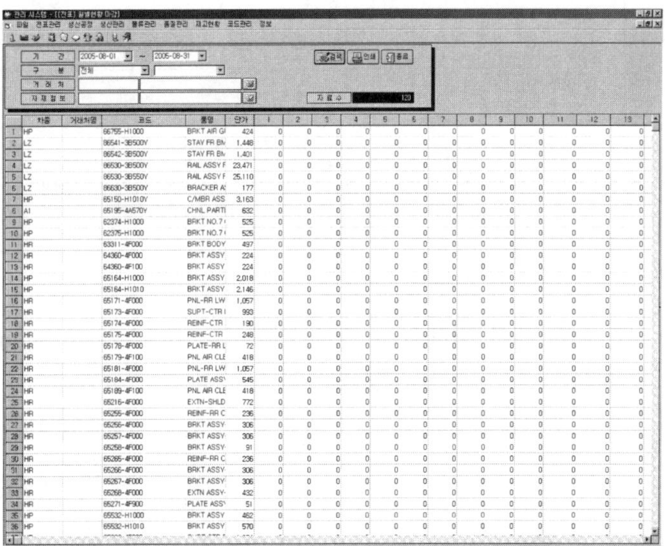

[그림 3-6] 월별 현황 마감관리 시스템 예시

• 경영진에게 신속하게 제출해야 할 각종 경영정보에 대한 자료가 사실상 신속하게 제출하기가 어렵고, 관리해야 할 각종 대장들의 산출에 많은 시간과 노력이 필요하였다.

〈표 3-6〉 회계관리 시스템의 주요 기능

결산관리	결산서 시뮬레이션	결산 전표를 분개하기 전 기준년월 시점의 손익계산서 및 제조원가명세서를 알 수 있다.
	결산 시간의 획기적 단축	기간손익에 대한 결산조정은 기 입력된 원천 정보를 근거로 계산해서 자동전표를 생성해준다.
	신속한 재무정보의 제공	사용자가 원하는 기간별로 각종재무제표(대차대조표, 손익계산서, 현금흐름표, 제조원가명세서 등)를 실시간 조회가 가능하다.
자동기표관리	급여/상여 자동기표	급여지급자료를 근거로 자동으로 분개하여 총계정원장과 보조부에 기입함으로써 업무의 효율은 물론 기장상의 오류를 방지할 수 있다.
	매출/매출자동기표	계산서일자 범위로 매출유형 및 거래처에 따른 자동기표를 처리할 수 있다.
	기타 자동기표	분류별, 유형별로 모든 거래를 분류하여 각 회사의 계정과목 체계에 따라 원하는 형태의 회계처리를 쉽게 처리할 수 있다.
부가세관리	간편한 부가세 신고내역 조정	세금계산서에 기재된 자료를 등록한 다음 이를 기초로 자동기표하고 부가가치세신고 납부 시에 이를 집계하여 신고할 수 있다.
	부가세 신고 자료 생성	계산서일자 범위로 사업장별 혹은 총괄로 부가세 신고자료를 생성할 수 있다.
법인세관리	다양한 법인세 신고 양식 제공	법인세 신고를 위해 필요한 양식을 제공한다.
본지점관리	본지점 전표처리	본지점 전표일 경우 상계 처리되는 전표를 자동전표로 처리할 수 있다.

(2) ERP 시스템의 반영

• 해당 부서에서 발생하는 각종 전표들이 ERP 시스템에서 발생하게 됨에 따라 경리/회계에서는 검증 후 승인을 거쳐 승인된 전표에 대해 월 결산이 가능하며 그에 따른 손익계산서, 대차대조표, 월분계장, 각종 명세서(현금, 유가증권, 매출채권, 미수 수익, 장기성 예금명세서 등)의 출력이 가능해진다.

3.2.5 영업관리

영업관리시스템의 중요 포인트는 납기준수에 있다고 볼 수 있으므로 영업사원은 자사제품/상품의 재고현황을 쉽게 파악할 수 있어야 하며, 재고관리자는 미납현황과 생산일정에 따른 입고 예정정보, 반품정보 등을 관리하면서 배송일정과 연계한 출고일자의 확정 등을 정확히 할 수 있어야 한다. 체계화된 시스템을 이용하여 필요시점에 실시간으로 수주 출하 정보를 활용하여 업무 리드타임을 단축하고, 납기 대응도 향상을 통한 고객만족 및 재고보유기간 단축을 통한 현금흐름 개선 등의 효과를 이룰 수 있다.

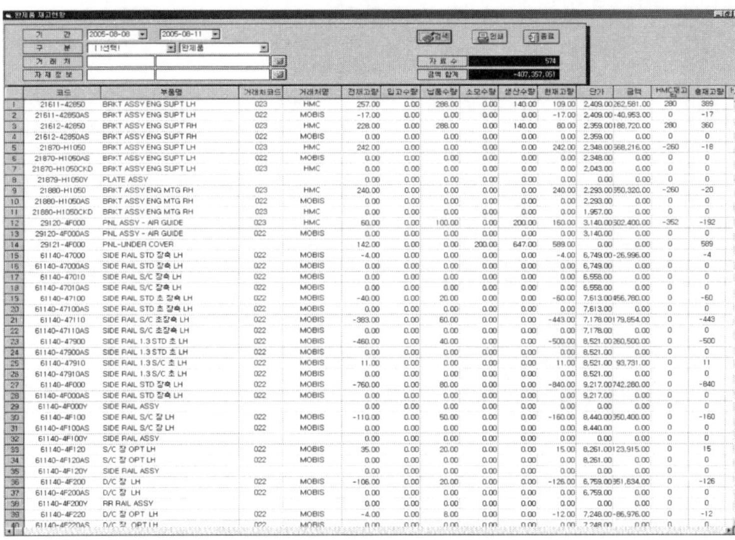

[그림 3-7] 완제품 재고현황 예시

(1) 기존 문제점

- 기존의 영업관리는 수주 내역을 유선이나 무선으로 받아 현재 재고를 파악하여 부족한 양만큼 생산과 구매 관련 부서에

통보하는 형식을 취했다.

- 구매업체와 매출업체에 대한 관리는 수기 관리하고 있었으며, 매출계획 대비 생산실적의 산출 시 지속적인 관리가 이루어져야 했다.
- 수주 사항의 변경 시 즉각적인 관계 부서와의 연결이 이루어지지 않아 부서간의 마찰도 발생할 수 있다.

〈표 3-7〉 영업관리 시스템의 주요 기능

기준정보관리	영업관리시스템의 기준정보관리	영업관리시스템의 기준정보는 판매단가, 기초잔액, 거래처 품목정보 등으로 구성된다. 해당 관리 정보를 통해 거래처별로 판매단가 및 거래처별 품목코드에 대한 적용이 가능하다.
판매계획관리	판매계획 관리	연말에 경영계획을 수립하고, 이 때 산출한 거래처 또는 품목별 매출계획을 월별로 등록하여 계획대비 실적관리를 수행한다.
	판매계획의 생산계획 연동	등록된 수주계획은 생산계획에 반영되어 생산계획을 자동으로 수립하여 계획생산을 가능하게 한다.
견적관리	견적관리	견적 업무처리 방식과 부합하도록 하나의 견적번호에 여러 견적품목을 등록하여 거래처로부터 접수된 견적요청에 대해 체계적인 관리를 수행할 수 있도록 지원한다.
수주관리	수주관리	거래처로부터 확정된 수주주문에 대한 등록 및 변경에 대한 관리를 수행한다.
	대여관리	대여품목에 대한 출고 및 반납에 대한 관리를 수행한다.
	출고요청관리	수주내역을 근거로 한 출고요청 및 예외사항에 대한 출고요청관리를 수행한다.
매출관리	일반매출관리	출고정보를 근거로 하여 매출을 등록하여 관리한다.
	반품매출관리	거래처의 반품정보를 근거로 반품매출등록을 수행한다.
수금관리	수금등록 및 취소	수금처리 방식은 발행된 계산서를 토대로 수금을 수행하는 방법 및 거래처별 매출건에 대한 일괄 수금 방식의 두 가지 경우를 모두 지원한다.
	예외수금 및 선수금 관리	계산서와 관계없이 수금발생 시 수금처리를 수행하고 거래처에서 미리 지급받은 선수금 내역을 자동으로 관리할 수 있다.
	채권 관리	거래처별 미수금현황을 토대로 팀 별, 담당자 별, 거래처별, 악성채권현황을 체계적으로 관리할 수 있다.
재고 및 분석	제품에 대한 기초재고 및 실사관리	제품의 출하요청 및 출고와 관련된 제품의 수량에 대한 관리를 수행하는 부분으로 기초재고를 반영한 현재고 및 실재고 조정 등 전체적인 제품에 대한 관리업무를 수행할 수 있다.
	영업현황 분석	실제 수주내역을 근거로 하여 품목별 계획 대비 실적의 분석, 거래처별 수주현황, 품목별/거래처별 매출현황 및 미수현황에 대한 분석 자료를 제공한다.

(2) ERP 시스템의 반영

- 영업관리, 업체관리(업체 마스터 등록, 업체별 단가 등록)
- 수주 등록(수주에 등록된 사항은 생산관리에 연계되어 자동 통보가 이루어짐
- 출하에 관련된 사항(출하지시서 작성 등)
- 수금관리(세금계산서 발행 등)
- 영업에 관련된 각종 분석자료(월별, 년별, 업체별, 품목별매출 현황), 판매추이 등

3.3 중소형 ERP 시장 전망

1990년대부터 ERP 시스템이 사용되기 시작하였을 때, 사람들은 ERP 시스템의 크기, 복잡성, 비용 때문에 ERP를 단지 거대 기업의 전유물로만 치부했다. 사실 Oracle, SAP 등과 같은 패키지공급자(Vendor)들이 하나의 ERP 소프트웨어로 종종 수천만 달러의 이익을 가져다준다는 이유로 거대 기업을 대상으로 판매했다는 것이 그것을 더욱 증폭시켰다.

하지만, 이러한 경향은 1998년 대기업들에게 판매했던 대형 ERP 시장의 공급업체들이 중소형 ERP 시장에 관심을 갖게 되면서 크게 변했다. ERP 소프트웨어 공급업체가 중소형 ERP 시장의 기업에 왜 관심을 가지게 되었는가에 대해서 여러 가지의 이유가 있지만, 그 중에서 가장 강력한 이유는 대형 ERP 시장이 포화되었기 때문에 공급업체들은 그들의 성장속도를 유지하기 위해서 좀 더 작은 고객들을 목표로 하지 않을 수 없게 된 것이다.

처음으로 ERP라는 개념을 사용한 가트너 그룹(Gartner group)

의 한 부서인 Dataquest에 따르면, 대략 920만 개의 기업이 100명 또는 그 이하의 적은 직원을 갖고 있으며, ERP 시스템 공급업체에 대한 중소기업의 요구는 대기업과 크게 다르다는데 동의하고 있다. 그들은 중소규모의 기업들이 ERP 시스템 구축을 살펴볼 때 다음과 같은 다섯 가지 중요 기준을 고려해야 한다고 하였다.

① **ERP 패키지에서 응용프로그램들 사이의 밀접한 통합성:** 대부분의 중소기업은 기술적인 문제를 해결하기 위해서 IT 직원을 많이 보유하지 않고 있으며 소기업에서 각 작업자들은 다양한 역할을 수행하고 있다. 따라서 그들은 서로 다른 ERP 응용프로그램들 사이의 전환을 더욱 단순화시킨 시스템을 필요로 한다.

② **관리 용이성(Manageability):** 대부분의 중소기업들은 전문 IT 직원이 거의 없으며, 그들은 문제점을 찾고 관리하기가 쉬운 시스템을 필요로 한다.

③ **구축의 용이성(Ease of implementation):** 중소규모 기업들은 ERP 시스템을 운영하기 위해 값비싼 컨설턴트를 고용할만한 자원을 갖고 있지 않다. ERP 프로젝트에서 몇 달 동안 작업을 할 핵심요원에 대한 여유도 없다. 기업은 중단되지 않고 계속 운영되어야 한다. 빠르고 쉬운 구축이 이 기업들에게 중요하다.

④ **자원과 서비스의 근접성(Local support and service):** 위에서 언급되었던 여러 가지 이유로 인해서 중소기업은 기술적인 지원이 쉽게 이용 가능해야 한다. ERP 공급업체와 가까이 있는 것이 대부분의 중규모 구매자들을 위해서 바람직하다.

⑤ **산업별 전문화 시스템(Vertical market focus):** 특정 산업에

의 고객 요구를 충족시키기 위해 설계된 ERP 시스템이 보통 구축하고 유지하기가 쉽다.

중소형 ERP 패키지가 새로운 것이 아니라고 하더라도 중소형 ERP 시장에 Oracle, SAP와 같은 ERP 공급업체의 출현은 최근의 일이다. 이 업체들이 과거의 대형 ERP 시장에서 훌륭한 성적을 내었지만, 이 새로운 시장들로부터도 인정을 받을지는 미지수다.

중소규모 기업의 ERP 구매자들은 대형 ERP 공급업체들이 중소기업의 요구를 잘 이해하고 있는지를 사전에 조목조목 따져보아야 할 것이다.

3.3.1 국내 중소기업의 ERP 시스템 도입 현황

지난 2001년 10월 말부터 11월 중순까지 ERP를 도입·활용 중인 124개 국내 중소기업을 대상으로 수행된 "중소기업의 ERP 도입효과 분석"자료에 따르면 업종별 ERP 시스템 도입비용 및 구축기간 조사결과에서는 기계·금속 부문이 도입비용 및 기간 면에서 가장 적게 소요된 반면, 자동차부품 및 석유화학은 상대적으로 많이 소요된 것으로 나타났다. 또한 ERP 시스템 도입을 통해 고객납기 응답기간 및 월차 마감기간 단축효과가 가장 큰 업종은 도입비용 및 기간이 가장 적게 소요된 것으로 조사된 금속·기계 산업으로 나타났으며, 재고보유기간 단축효과는 자동차부품에서, 1인당 매출액 증대효과는 정보통신에서 각각 두드러졌다. 기업규모별 조사에서는 기업규모가 클수록 도입비용 및 구축기간이 많이 소요되는 것으로 나타났으며, 재고 보유기간 및 월차마감기간 단축효과는 기업규모에 관계없이 대체로 비슷한 효과를 나타내었다. 반면, 고객납기 응답기간 단축효과는 종업원 수 100명 이하 소규모 기업에서 크고, 1인당 매출액 증대효과는 200명 이상 기업에서

효과가 큰 것으로 나타났다.

〈표 3-8〉 중소기업의 ERP 도입효과

구 분	ERP 도입 효과(도입 전 대비)			
	고객납기 응답기간	재고보유 기간	월차마감 기간	1인당 매출액
단축기간 (증감율)	4일 (37% 감소)	15일 (43% 감소)	11일 (66% 감소)	69백만 원 (34% 증가)

<표 3-8>에서 보는 것과 같이 전체적으로 도입 전에 비하여 고객납기 응답기간이 평균 10.5일에서 6.6일로 36.8%, 재고보유기간이 평균 35.9일분에서 20.4일분으로 43.3%, 월차마감기간이 16.2일에서 5.6일로 65.5%가 단축되고, 종업원 1인당 매출액은 2.0억 원에서 2.7억 원으로 34.4%가 증가하였으며, 업종이나 기업 규모에 관계없이 모두 큰 효과를 본 것으로 나타났다.

또한 중소기업의 ERP 도입 시 구축기간은 평균 6개월, 도입 비용은 1억 41백만 원이 소요되었으며, 비용 내역별로는 하드웨어 21%, 소프트웨어 패키지 35%인 반면, 교육·컨설팅·커스터마이징[4]이 44%로 절반정도를 차지한 것으로 나타났다.

〈표 3-9〉 중소기업의 ERP 도입비용

구 분	합 계	내역별 비용		
		하드웨어(H/W)	소프트웨어(S/W)	교육·컨설팅·커스터마이징
도입비용 (구성비)	141 (100)	30 (21)	49 (35)	62 (44)

주: 단위(백만 원, %)

4) 커스터마이징이란, 고객의 요구에 맞는 맞춤형 제품을 제공하는 것을 말한다. 혹은, 타사의 솔루션을 가져와 자사의 제품 등의 환경에 맞게 수정하는 것 또한 커스터마이징이라고 한다.

조사 결과에서 보여주듯이 ERP 도입비용을 높이는 주요한 요인이 교육·컨설팅·커스터마이징으로 나타남에 따라 산업자원부는 중소기업에 대한 교육을 통하여 가급적 커스터마이징 없이 ERP 패키지를 도입하는 문화를 조성해 이들 비용을 최소화하도록 지원할 계획에 있으며 특히 최근에는 정보통신부와 함께 업종별로 표준화된 ERP를 개발, 중소기업에 보급하여 IT화를 촉진하는 사업을 추진하고 있다.

〈표 3-10〉 기업 규모별 모듈 도입현황

구 분		인사	회계 재무	영업 판매	자재 관리	생산 관리	물류 유통	원가 관리	경영 정보	기타
기업 규모	대기업	59.7	97.4	79.2	83.1	63.6	57.1	84.4	71.4	6.5
	중소기업	88.9	96.5	90.3	89.6	78.5	50.0	72.6	63.2	6.3

주: 단위(%)

또한 2002년 8월부터 약 두 달간에 걸쳐 코스닥등록법인(822개사) 및 증권거래소 상장법인(672개사)을 대상으로 수행된 ERP 도입여부 및 활용 실태조사 결과에 따르면 거래소상장기업의 경우 대기업은 46.87%(132개사)가 도입해 중소기업의 ERP 보급률이 상대적으로 높은 것으로 나타났다. ERP 시스템을 도입한 중소기업의 모듈별 도입현황에서는 <표 3-10>과 같이 회계/재무 모듈이 96.5%로 가장 많고 기타 영업판매(90.3%), 자재관리(89.6%)순으로 나타났다.

04 확장형 ERP란 무엇인가?

CHAPTER

>>>

4.1 확장형 ERP의 개요

확장형 ERP는 기존 ERP의 개념보다 진보된 형태의 개념으로 ERPII라고도 한다. 확장형 ERP의 출현은 경영환경의 끊임없는 변화와 정보기술의 발전에 기인하고 있으며, 기존의 ERP와 완전히 다른 개념은 아니다. 확장형 ERP는 기존ERP의 기능적인 면을 보강하고 기업경영의 발전에 영향을 끼치는 역할을 하는 동시에 기업의 외부활동과 연결되어 협업을 강조한 형태의 개념으로 이해한다면 쉽게 접근할 수 있다.

4.1.1 확장형 ERP의 발전방향

기존의 ERP는 단순히 기업 내의 업무효율성과 최적화가 목표였지만, 확장형ERP는 기업 내부뿐만 아니라 공급업체와 고객 등 경영환경을 둘러싸고 있는 기업 외부 환경과의 업무 공유 및 통합, 자원이나 정보의 흐름을 일원화하고자 하는 데 초점을 두고 있다.([그림 4-1] 참조)

확장형 ERP는 영업/판매, 생산/물류, 인사/급여, 재무/회계 기능을 포함하는 기본 ERP를 기반으로 하여 최근 정보화 시대에 있어서 기업에 요구되는 다양한 추가적인 업무 기능 즉, 고객 및 공급업체와의 통합 기능이 확장된 개념이다. 이제 본 절에서는 여러 가지 확장형 ERP 중 최근 가장 많이 도입되고, 주목받고 있는 SCM과 CRM에 대해서 기술한다.

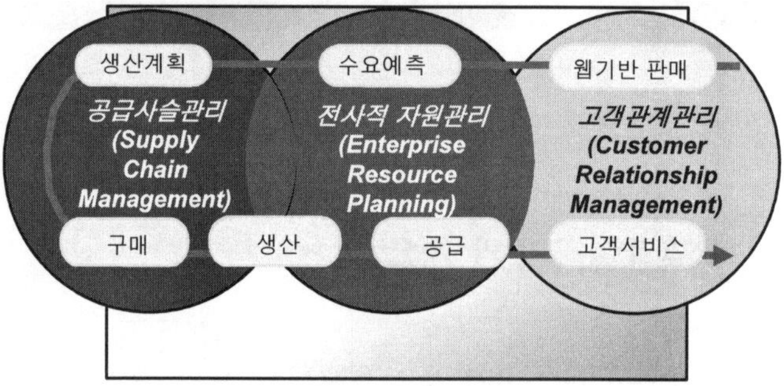

[그림 4-1] 확장형 ERP

4.2 SCM이란 무엇인가?

4.2.1 SCM의 개념

오늘날 많은 기업들은 기업 내부 개선의 한계를 느끼고 기업과 기업 간의 가치공유, 즉 공급사슬관리의 중요성을 새롭게 인식하고 있다.

ERP가 기업 내의 전사적인 자원의 효율적 활용을 위한 최적의 시스템이었다면 SCM은 이보다 넓은 개념으로 기업 내·외부의 자원, 정보, 자금 등을 통합적으로 관리하고 최적화를 도모하는데 그 목적이 있다.

(1) 기존 공급망의 문제점

많은 제조업체들은 원재료를 구매하여 제품을 생산하고 완성된

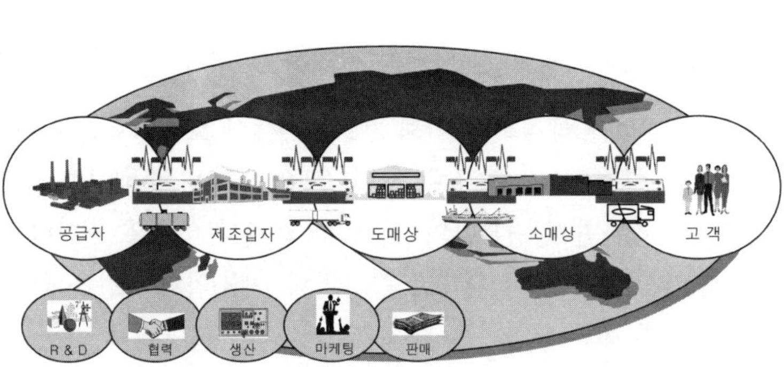

[그림 4-2] 공급사슬(Supply Chain)의 구성원

제품을 도·소매업체에게 납품하는 것으로 제품생산과 관련된 정보, 물자, 현금 등의 관리 고리를 끊어 버린다. 또 도매업체는 소매업체에게 그리고 소매업체는 최종 소비자에게 납품 또는 판매하는 데에만 중점을 두는 경우가 대부분이다. 이렇게 원재료 공급업체, 제조업체, 도·소매업체가 개별적으로 자원관리를 하게 되는 경우 많은 비효율적인 문제점들이 발생할 수 있다. 이러한 문제점들은 재고 관리비용과 물류비용의 증가를 가져오게 되고, 나아가 제품 가격의 상승을 초래하여 시장에서의 경쟁력을 상실할 수 있게 된다. 기업에서의 물류비용은 업종에 따라 전체의 10~15%에 달하며, 이는 기업 내에서의 다양한 비용절감 노력에도 불구하고 기업 내·외부의 전체 공급사슬상에서의 물류 문제를 해결하지 않고서는 경쟁력을 제고시킬 수 없게 되었다.

공급사슬관리(Supply Chain Management)

최초의 원재료 공급업체로부터 최종 소비자에게 제품이나 서비스가 판매될 때까지 연관된 모든 기업들의 공급망을 사슬처럼 연결하여 정보, 물자, 현금의 흐름을 통합적으로 관리함으로써 공급망 전체의 최적화를 도모하기 위한 전략적 경영기법이다.

(2) 공급사슬 내의 자원을 통합 관리하는 SCM

위의 문제점을 해결하기 위해 제조업체에서 도매업체와 소매업체에 대한 정확한 수요정보(예: 소매업체의 제품별 판매상황 등)를 파악할 수 있다면 상당부분의 재고비용과 물류비용을 절감할 수 있을 것이다. 이와 같이 원재료 공급업체, 제조업체, 도·소매업체 간에 상호 유기적인 관계를 맺음으로써 각 공급망에서 발생하는 모든 정보를 통합적으로 관리하기 위한 해결책이 바로 SCM이다.

기존 공급망의 문제점

- 제조 업체들은 제품을 도·소매 업체에게 납품하는 것으로 관리 고리를 끊어버림
- 도매업체는 소매업체에게만, 소매업체는 소비자에게만 관리 초점을 두고 있음
- 재고 관리비용, 물류비용의 증가
- 최종 제품의 가격 상승을 가져와 시장 경쟁력을 상실

4.2.2 SCM의 등장배경

SCM이라는 용어는 1980년대에 미국에서 처음 생성되어 현재까지 발전되어 오고 있는 개념이다.

① 정보기술의 발전, 시장의 글로벌화 등 기업을 둘러싸고 있는 경영환경의 변화에 대처하기 위한 수단으로 부각되었다.

② 과거 공급업체 중심의 생산체제에서 기업의 경쟁력을 강화하기 위한 수단으로는 사내 생산 효율화가 주를 이루었으나, 오늘날과 같이 소비자 중심의 생산체제에서는 기업에 대한 고객의 기대치가 커지면서 정보의 공유, 원활한 의사소통 등과 같이 고객의 요구사항을 적극 수용하지 않으면

안 된다.

③ 과거의 생산성향상과 원가절감 그리고 사내 정보의 통합화와 같은 전통적 개념의 생산 효율화 기법들은 더 이상 기업에게 경쟁우위를 가져다주지 못한다.

④ 현재와 같이 물류비용이 꾸준히 증가하는 상태에서는 기업 내 최적화를 통해 경쟁력 강화를 기대하기는 어렵다.

따라서 물류관리와 공급사슬에 대한 새로운 인식의 바탕에서 SCM이 출현하였다고 볼 수 있다. 이는 기업 환경의 변화에 따른 것이며, 관련정보기술의 비약적인 발전을 바탕으로 많은 솔루션 업체들에 의해 개발되고 있다.

SCM에 관한 기업들의 인식

- 정보기술의 발전으로 SCM 시스템의 구현이 용이하며 시스템의 효율성 증대에 따른 기업들의 관심 증대
- 정보를 포함한 각종 자원에 대한 공급사슬상의 정보공유 및 상호 협력과 조정에 대한 필요성 증대
- 기업 측면에서 경쟁력 강화와 고객만족, 경쟁우위를 확보하기 위한 수단으로 인식

4.2.3 SCM의 목적 및 필요성

SCM의 목적은 크게 두 가지로 나눌 수 있는데, 첫째가 소비자에 대한 정확한 정보 파악으로 소비자 요구의 충족 실현이며, 둘째로는 개별 기업의 최적화가 아니라 공급사슬 상에 참여하게 되는 모든 기업 간의 최적화를 달성하는 것이다.

(1) 소비자 요구 충족

SCM의 가장 기본적인 목적은 소비자의 다양한 요구를 충족시

키면서도 단위당 비용을 최소화하고 재고수준을 낮추고자 하는 것이다. 소비자 요구에 대한 정확한 정보파악은 전체 공급사슬에서의 가장 기본적인 정보이다. 즉, 기업 활동은 수요의 예측에서부터 시작한다. 수요예측을 기초로 가격정책과 판매계획을 세우고 판매계획을 바탕으로 생산계획을 수립한다. 그리고 공급업자의 부품이나 자재 공급은 생산계획에 따라 진행한다. 그러나 시장에서의 공급의 불확실성과 공급사슬상의 기업 간의 정보공유 미흡, 특히 수요 정보공유의 부재나 지연은 공급업체, 제조업체, 소매업체가 최종소비자의 수요 정보를 반영하지 못하고 수요 변동에 대한 대비책으로 측정해 놓은 재고가 상위단계로 거슬러 올라갈수록 커지는 현상이 발생하게 되었다. 이러한 이유들로 인해 수요의 급격한 증가나 감소가 발생하면 수요예측으로부터 주문량의 급격한 변동을 가져오고 이 주문량의 변동은 상위단계로 거슬러 올라가면서 파장이 더욱 커져 다음 주기에서 불필요한 재고의 증가를 가져오는 것이다. 결국 이에 따른 재고 자산의 증가, 비용의 증가, 납기지연 등 의 부작용으로 시장에서의 대응 능력을 떨어뜨려 기업경쟁력을 약화시키게 된다. 이러한 현상을 바로 '채찍효과'라 한다.

채찍효과(Bullwhip Effect)

공급사슬에서 최종소비자로부터 멀어 질수록 수요와 재고의 불안정이 확대되는 현상을 채찍효과라고 한다. 이러한 채찍효과 때문에 공급사슬상의 가장 마지막 단계인 고객으로부터 주문 및 수요 형태의 변동에 관한 정보가 도매상, 물류센터 등의 공급망을 거치면서 정보의 지연과 왜곡이 심화되고 과잉재고, 납기일 지연 및 결품 등의 문제가 발생한다고 한다.

따라서 소비자에 대한 정확한 정보 파악과 공유를 바탕으로 공급과정을 소비자 요구에 일치시키는 것이 SCM의 가장 근본적인 목적인 것이다.

① 채찍효과의 발생원인

- 주문은 안전재고[5]와 예측수요의 합인데, 이러한 제품 주문은 현재의 실제 수요량을 반영한다고 말하기 어렵다. 대량 일별기업 관점에서의 주문
- 공급사슬상에서 공급자, 제조업체, 도매업체, 소매업체 등 개별 기업 관점에서의 주문
- 주문은 안전재고와 예측수요의 합인데, 이러한 제품 주문량은 현재의 실제 수요량을 반영한다고 말하기 어렵다. 대량 일괄주문, 가격저점에서의 반등을 대비한 사재기주문 등으로 실제 수요와 주문량과는 많은 괴리가 존재한다.
- 위의 요인들에 의한 불규칙적인 주문량과 판매량에 의한 수요 예측상의 어려움 등

② 채찍효과의 관리 및 해결방안

- 이러한 채찍효과의 문제를 해결하기 위해 먼저 공급사슬 전체가 서로 협력하는 파트너십을 구축해야 한다.
- 공급자를 중심으로 재고관리를 하여 제조업체가 소매업체 매장의 자사 제품재고를 직접 관리함으로써 소매업체가 발주한 주문에 의존하지 않는다. 따라서 채찍효과를 피할 수

5) 안전재고 : 일반적으로 수요와 공급의 변동에 따른 불균형을 방지하기 위해 유지하는 계획된 재고 수량 주 생산 계획 환경에서는 예측 잘못이나 잦은 계획 변경에서 비롯된 문제점을 방지하기 위해 추가로 재고나 생산 능력을 계획할 수 있는 재고를 말한다.

있다.

- 불확실성을 감소시킬 수 있도록 상호 정보를 중앙집중식으로 공유하여 수요의 변화에 공급사슬 전체가 긴밀하게 대응할 수 있게 해야 한다. 정보기술은 상호 정보의 공유체계를 갖추게 하는 기반이다. 수요정보는 중앙 집중화되고 일관성 있게 유지해야 한다.
- 정보기술의 활용은 공급사슬 전반의 활동에 관한 리드타임을 단축시켜 채찍효과를 감소시킬 수 있다.

(2) 공급사슬의 전체적인 최적화

SCM의 목적은 공급사슬상의 전체적인 최적화를 통해 궁극적으로 수익성을 극대화한다는 것이다. 이는 개별업체들이 자체적으로 최적화를 추구한다고 해서 전체 공급사슬의 최적화를 가져오는 것은 아니라는 것이다. 이것은 SCM에서 가장 중요한 부분이지만 현실에서 이를 지켜내는 업체들이 그리 많지 않다는데 그 문제점이 있다. 따라서 SCM을 구현하여 그 본질적인 효과를 달성하기 위해서는 업체들의 인식전환이 필수적이며, 그러한 인식전환 하에서 공급사슬 전체 최적화라는 목적을 달성할 수 있을 것이다. 그와 함께 공급사슬상의 모든 업체들이 전체 공급사슬상에서의 비용절감을 위해 노력할 때 전체 공급망의 수익성이 극대화된다는 점을 인식하여야 할 것이다.

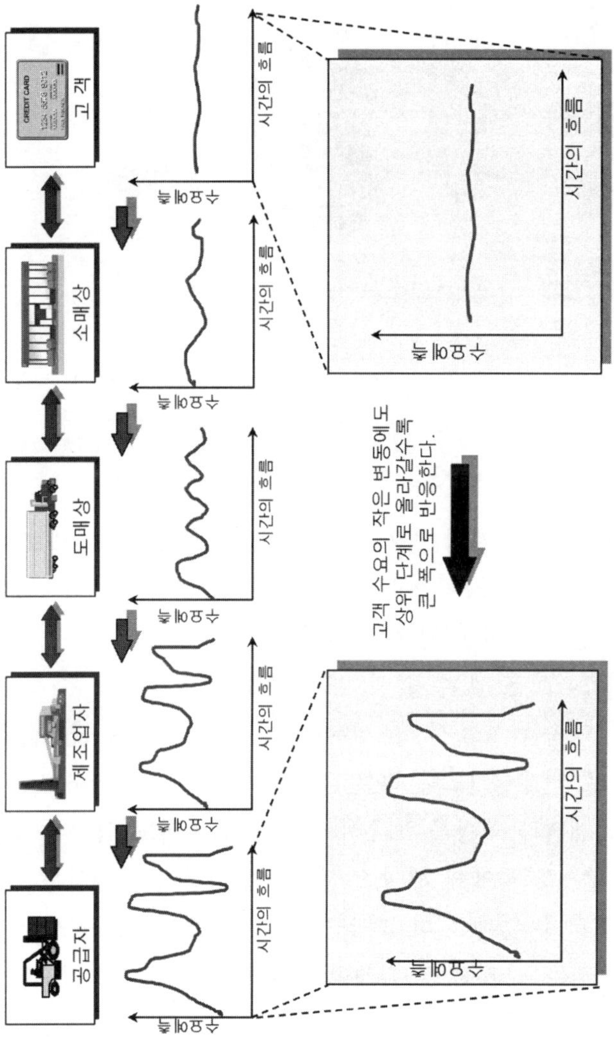

[그림 4-3] 수요정보의 왜곡현상으로 인한 채찍효과의 발생

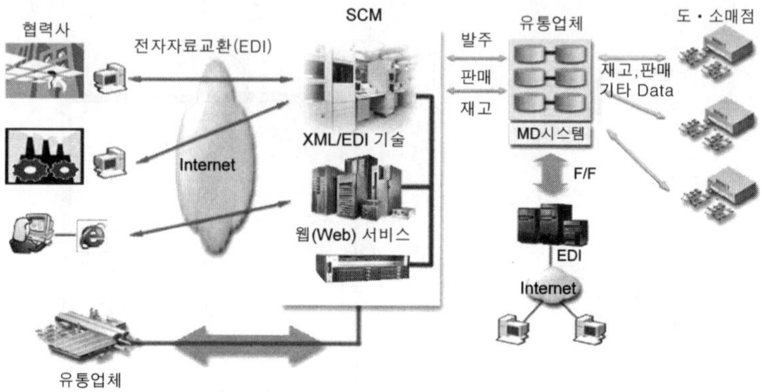

[그림 4-4] 공급사슬관리(Supply Chain Management) 프로세스

4.2.4 SCM과 e-SCM

21세기 초반 기업 경영의 가장 중요한 화두는 e-비즈니스[6])이다. 국내외 기업들은 성공적인 e-비즈니스 수행을 기업 경쟁력 확보에 가장 중요한 수단으로 인식하고 있다.

e-비즈니스 모델 수립 시 가장 중요한 고려 요소 중 하나가 고객과의 약속을 효율적으로 수행하기 위해 전체 공급사슬을 어떤 방식으로 연계시키느냐 하는 것인데 기업이 제아무리 훌륭한 비즈니스 개념과 역량을 보유하고 있다 할지라도 약속한 제품이나 서비스를 고객들에게 제대로 전달하지 못한다면 사업을 성공적으로 수행할 수 없게 된다. 따라서 e-비즈니스가 성공적으로 추진되기 위해서는 인터넷 및 디지털 기술을 전략적으로 활용함으로써, 공급사슬관리의 효과와 효율성을 실현하고 궁극적으로는 고객 만

6) e-비즈니스 : 전자상거래, 인터넷 비즈니스를 포함하는 개념. 정보교환과 지식관리를 가능하게 하고 촉진하는 기술을 활용하여 거래활동, 사업활동, 가치활동을 실행하고 이들 활동의 기반이 되는 의사결정을 지원함으로써 비즈니스 목표를 달성하기 위한 접근법이다.

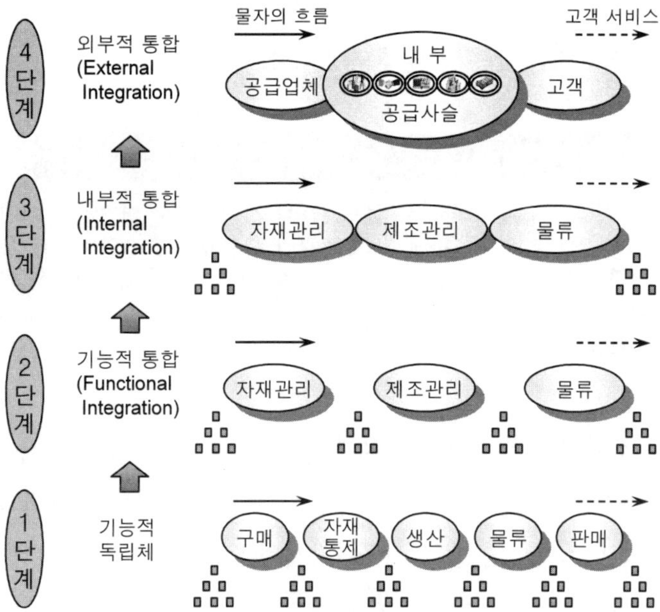

[그림 4-5] 공급망 단계별 통합과정

족도 및 기업성과를 높일 수 있어야 한다. 이러한 배경에서 등장한 것이 바로 e-SCM이다.

(1) e-SCM 개념

e-SCM이란 디지털 기술을 활용하여 공급자, 유통채널, 소매업체, 그리고 고객 등과 관련된 물자, 정보, 자금 등의 흐름을 신속하고 효율적으로 관리하는 것을 의미한다. 디지털 환경은 과거에는 불가능했던 공급사슬상의 조달, 물류, 고객관리 등 새로운 경영환경에 맞는 최적화를 가능하게 하였다

또한 e-SCM은 공급자에서 고객에 이르기까지 공급사슬상의 물자, 정보, 자금 등을 총체적인 관점에서 통합하고 관리함으로써 공

급자, 고객, 그리고 기업 내부의 다양한 욕구를 충족시키고 업무의 효율성을 극대화하는 전략적 기법이다.

e-SCM

e-비즈니스의 발전에 따른 정보기술을 전략적으로 활용하여 원자재 조달, 생산, 배송, 판매 및 고객관리 프로세스에서 일어나는 물류흐름과 이와 관련된 모든 활동을 통합적으로 관리하는 기법을 말한다.

(2) 공급사슬 통합의 발전단계

공급사슬의 발전단계를 통합수준의 관점에서 나누어 보면 기업 내 개별 비즈니스 활동의 최적화단계에서 기업 내 전체 비즈니스 프로세스 활동을 통합하는 단계와 공급사슬 구성원간의 관련 비즈니스 프로세스들을 통합적으로 계획, 운영하는 협력의 단계를 거쳐 공급사슬 구성원들이 하나의 가상 네트워크를 형성하여 전체 공급사슬 프로세스를 동기화하는 단계로 발전한다.

(3) e-SCM 추진 목표

기업들은 e-SCM을 추진하는데 다음과 같은 사항을 목표로 삼는다.

- 디지털 환경으로 인해 등장한 새로운 패러다임에 부합하도록 물류, 정보, 자금의 흐름을 재설계 함.
- 정보기술을 통해 생산, 구매, 물류의 흐름을 동기화함.
- 이를 바탕으로 고객에 대한 서비스 기능을 제고하고 새로운 서비스를 제공하여 고객의 만족도를 향상시킴.

(4) e-SCM의 효과

e-SCM을 성공적으로 구축함으로써 다음 <표 4-1>과 같은 효과를 얻을 수 있다.

〈표 4-1〉 e-SCM의 성공적 구축효과

e-SCM의 성공적 구축효과	
거래와 투자비용의 최소화	공급사슬을 통합함으로써 공급자와 구매자간 정보 이전에 필요한 비용과 시간을 줄일 수 있음
자동보충을 통한 재고감축	공급자, 구매자간 정보공유에 의해 공급자들은 재고정보를 실시간으로 파악, 구매자들이 필요로 하는 물량을 자동적으로 보충해 줄 수 있기 때문에 공급자, 구매자 모두 재고 수준을 낮출 수 있음
개별화된 고객 서비스 제공	구매자와의 직접접촉을 통해 획득한 정보를 분석하여, 개별 고객의 요구를 충족시킬 수 있는 서비스 제공이 가능
수평적 확장 용이	가상 네트워크 형성을 통해 타 산업으로 진출 용이

e-SCM은 궁극적으로 공급사슬 구성원들 간에 협업과 통합으로 하나의 가상 네트워크를 형성하여 전체 공급사슬 프로세스를 동기화 하려는 전략이다.

e-SCM은 온라인이나 오프라인을 통해 고객의 주문이 들어오면 주문을 충족시키기 위해 전자적으로 업무를 처리한다. 주문의 접수 및 처리, 상품의 생산, 조립, 유통, 포장, 운송 및 배송 등의 활동을 공급사슬관리로 해결하기 위해서는 전자적으로 처리되는 기업 간 네트워크형 전자주문처리 시스템이 구축되어 있어야 한다.

4.2.5 SCM의 성공요인

SCM을 성공적으로 이끌기 위해서는 무엇보다도 공급사슬상에 참여하는 모든 업체들의 적극적인 구축 의지가 필요하다. 이것은 쉽지 않은 과제이지만, 이것이 기초가 되지 않고서는 실패할 확률이 상당히 높다. 따라서 참여업체들의 확고한 의지가 바탕이 된

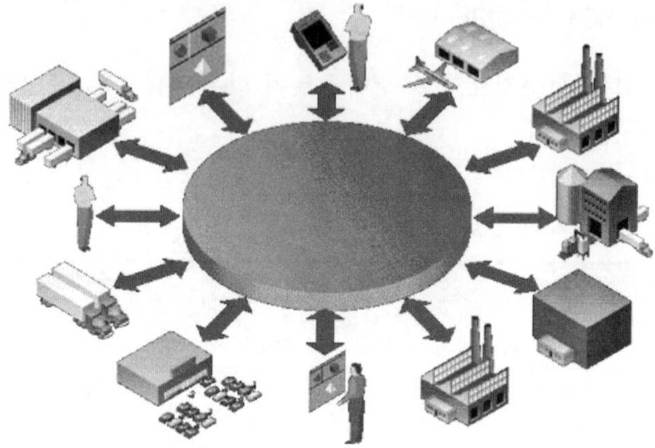

상태에서 아래의 사항들이 전제되어야만 성공적인 SCM을 달성할 수 있을 것이다.

(1) 개별 업체들의 경쟁력과 상호 보완성

SCM에서 가장 중요하게 고려되는 부분은 공급사슬에 속한 모든 업체들의 프로세스를 통일된 관점에서 처리하려는 것이다. 따라서 공급사슬에 속한 개별 업체들은 각기 전략적인 우위를 유지할 수 있는 업체만의 경쟁력을 보유하고 있어야 한다. 이것이 바탕이 되어야만 SCM의 근원적인 목적을 달성 할 수 있는 것이다. 또한 공급사슬에 속한 각각의 개별 업체들은 서로 상호 보완적인 상황에서 시너지 효과를 얻어 보다 높은 경쟁력을 확보할 수 있을 것이다.

(2) 공급사슬상의 정보 공유 및 업무 프로세스의 통합화

SCM에서의 정보공유는 개별업체 간의 확고한 신뢰성이 확보되어야만 가능하다. 각 업체들의 업무 프로세스 간에는 반드시 접점이 발생하는데, 이러한 경우에는 업체 간의 유기적인 업무연계가 필요하며 가능한 공급사슬상의 모든 업체들의 업무 프로세스는 통일하여야만 한다.

(3) 제휴의 제도화

SCM에 참여하는 업체들의 상호신뢰성 확보는 앞서 언급한 것과 같이 SCM에서 가장 중요한 부분이다. 이러한 신뢰성 확보를 위해 개별 업체들 간에 혹은 파트너 업체와 전략적 제휴에 관해 공식적으로 제도화하는 것이 필요하며, 이를 통해 책임과 의사결정 과정이 제도화 되어 강한 신뢰관계를 바탕으로 SCM을 추진할 수 있을 것이다.

4.2.6 SCM에 관한 기업사례

다음은 공급사슬관리의 이해를 돕기 위해 복사기, 팩시밀리 등 사무기기 제조의 선도적인 기업인 신도리코의 SCM 도입사례를 소개하고자 한다.

사무기기제조는 수만 가지 부품과 기종을 생산하는데 있어 수백 가지 변수가 존재하며 리드타임을 최대한 줄이는 것이 경쟁력의 관건이다. 따라서 긴급주문에 실시간으로 대응하고 재고 상황은 지속적으로 파악하고 있어야 한다. 신도리코는 이러한 내부변수와 한계에 따른 복사기 및 팩시밀리 시장, 디지털경제로의 진입 등 외부적인 요인에 따라 비즈니스 영역을 다각화하는 한편 효율적인 시장대응방안의 열쇠로 공급사슬관리의 도입을 결정했다.

사무기기시장은 최근 포화상태에 이르렀으며 복합기와 같은 새로운 경쟁상품이 등장하면서 신도리코의 시장점유율은 더 이상 성장하지 않으며 이익은 서서히 감소하는 상황에 놓여있다. 따라서 신도리코도 기존의 주력제품이었던 팩시밀리, 복사기 기능에 프린터, 스캐너와 같은 디지털 다기능 제품인 복합 사무기기 생산으로 방향을 전환하였다. 그러나 최근 소비자들은 대량생산에 따른 차별성 없는 제품에는 선호를 보이지 않으며 주문 후 인도되기까지 많은 시간을 기다려주지 않는 성향을 보이고 있다. 이러한 상황을 모두 반영할 수 있는 생산 시스템과 그 관리방식은 과거보다 훨씬 복잡해질 것은 당연하다.

신도리코의 경영진은 "생산 리드타임이 길어지면 소비자의 구매성향을 따라가지 못하게 되고 제품이 팔리지 않으면 제조사뿐만 아니라 판매점과 공급업체까지 도미노처럼 그 여파가 미친다."며 현재 상황을 심각성을 표현하고 있다.

신도리코는 제조사업장의 실적 데이터, 생산에 필요한 원자재에 대한 자재공급계획을 실제 데이터로 관리하고 고객의 주문이나 과거 경험치를 근거로 한 수요를 생산계획에 바로 반영할 수 있는 시스템을 구축함으로써 리드타임을 최소화하고 고질적인 문제로 작용했던 낮은 재고회전율[7)]의 부담에서 벗어나는데 공급사슬관리에 초점을 맞추었다.

신도리코는 이미 1997년에 구축한 ERP시스템인 SAME 2000을 근간으로 2000년 3월 공급사슬관리 시스템의 구축에 들어가 8월부터 시범서비스를 실시하였고 2001년부터는 본격적으로 공급사슬관리를 실시하고 있다.

(1) 공급사슬관리: 정보의 흐름을 한 눈에 파악

신도리코는 공급사슬관리에서 가장 중요하게 생각하는 것이 필요한 부품을 적시에 적량만큼을 주문 할 수 있는 시스템이다.

7) 재고회전율 : 재고품 자산에 대한 판매효율. 즉 생산한 상품이나 구입한 상품이 어느 정도 팔리고 있는가를 표시한다. 1년간의 상품의 회전속도를 표시하는 것으로 높을수록 좋다.

[그림 4-6] 신도리코 홈페이지의 정보센터(e-SCM)

- 과거 ERP시스템인 SAME2000(신도리코에서 구축한 ERP 시스템)에서는 정기적으로 재고량과 수요량을 파악 후 직원이 팩스를 통해 협력업체에게 보내는 방식이었다. 그러나 공급사슬관리에서 추구하는 방식은 실시간으로 협력업체에서 신도리코의 재고 데이터베이스에 접근해서 재고상황을 파악할 수 있도록 하는 것이며 신도리코 입장에서도 재고를 최소화할 수 있도록 하는 것이다.
- 인터넷을 통해 실시간으로 재고를 확인할 수 있도록 한 입고시스템은 공급업체들이 납품한 제품의 창고재고와 사용량을 파악할 수 있도록 한다.
- 사전에 정해진 재고량을 협력업체들이 실시간으로 파악하여 현재의 재고량이 감소하면 정해진 주문량이 자동으로 발주처리 되고 협력업체로부터 납기가 지연된 부품들은 붉은 색으로 표시되어 신속히 처리해야 할 주문임을 알려준다. 이러한 방식으로 인하여 인터넷을 통한 주문 상황에 대한 협력업

체와의 정보공유를 통해 자연스럽게 주문을 신속하게 관리할 수 있게 하였다.

- 협력업체들은 공급 사슬을 통해 자신들의 납품한 부품이 어느 경로에 있는지, 품질검사결과는 어떠한지, 창고는 어디에 저장되었는지, 최종조립을 마쳐 출고되었는지를 알 수 있다.
- 협력업체는 납품되는 부품의 현황뿐 아니라 신도리코로부터 6개월 치의 향후수요예측 정보와 4주 단위는 주 일정계획을 실시간 확인 할 수 있다.

(2) 제조사: 정확한 데이터 저장

공급사슬관리를 위해 가장 먼저 수행한 프로젝트는 주요 부품 및 기종별 전용부품에 바코드를 체계적으로 부여하는 일이었다. 바코드를 통해 부여된 부품코드는 납품한 협력업체, 생산 프로세스 위치, 그 사용량을 실시간 데이터베이스에 저장하는 데 있어 매우 중요한 역할을 한다. 또한, 신도리코가 자체적으로 부여한 운송적재함의 바코드도 물류 위치추적에 중요한 역할을 한다. 이러한 정보들은 데이터들을 저장하는데 매우 중요한 역할을 한다. 이러한 데이터와 연동된 인터넷 웹서비스를 통해 협력업체에 실시간 제공되는 것이다. 이러한 일련의 과정들이 협력업체들뿐만 아니라 제품을 주문하는 고객사와 대리점까지 연결되어 정보의 흐름을 한 눈에 파악할 수 있다.

(3) 고객사: 원하는 제품을 원하는 때에

기존의 생산계획에서는 한 번의 생산 지시로 대량의 제품을 생산하는 방식이 고객이 원하는 변동사항에 대처 할 수가 없었다. 이러한 단점을 극복하기 위해 40여 가지의 공정 중 7~8개의 공정은 고객의 요구에 부흥할 수 있도록 개별화시키고, 제품 하나하나마다 다르게 지시하는 것이었다. 그 결과 다품종 소량 생산이 가능하게 되었고, 고객사는 자사의 주문생산현황이 어떻게 흘러가고 있는지 실시간으로 확인할 수 있으며 이러한 투명한 생산정보는 고객들에게 납기를 약속할 수 있도록 함으로써 고객의 서비스를 향상시키게 되었다. 또한, 인터넷을 통해 상품을 등록하고 사양을 결정해 주문할 수 있게 하였으며 단품이나 부품의 재고를 실시간 검색 할 수 있게 된 것이다.

(4) ERP에서 열린 SCM으로

신도리코가 공급사슬관리 시스템을 구축하는데 있어 기존의 SAME 2000이 있었기 때문에 비교적 수월하였다. 그 중 핵심 업무인 영업, 재무, 생산 부문이 공급사슬관리 시스템과 실시간 연동하고 있다. 이를 인터넷에 기반 하여 협력업체와 고객사에게 접근이 가능하도록 연동하고 있다. 또한 통합데이터 모델은 공급사슬관리 시스템의 성공은 물론 신도리코의 향후 새로운 경쟁력의 원천으로 작용할 것으로 예상했다.

(5) e-SCM실현

신도리코의 공급사슬관리는 기존의 오프라인 구도에서 온라인과 오프라인이 병행하는 구조로 전환시켰다. 즉, 기존의 ERP시스템을 근간으로 인터넷을 이용하는 공급사슬관리를 실현한 것이다. 이로 인해 관련 기업들과의 네트워크를 연결하여 협력업체는 물론 고객사도 인터넷을 통해 재고현황, 생산능력, 생산계획 등의 정보에 접근할 수 있게 된 것이다.

4.3 CRM이란 무엇인가?

4.3.1 CRM의 개념

최근 기업들은 기업 성과의 핵심을 고객이 가지고 있음을 인지하고 있다. 즉, 품질과 가격만으로 승부하던 시대는 지나고, 차별화된 수단으로 고객과 관련된 데이터를 분석하여 고객의 특성에 맞는 마케팅 활동을 계획, 지원, 평가 하고 있다. 이것을 우리는 "고객관계관리(Customer Relationship Management)"라고 한다. 선별된 고객으로부터 수익을 창출하고 장기적인 고객관계를 가능하게 함으로써 일반적으로 고객에 관한 전략을 정의하고 경영자원의 분배를 최적화 하면서 고객에게 모든 부분에서 최상의 서비스를 제공하기 위해 고객의 욕구와 행동 그리고 고객의 수익성을 규명해가는 지속적이고 자동화된 프로세스라 할 수 있다.

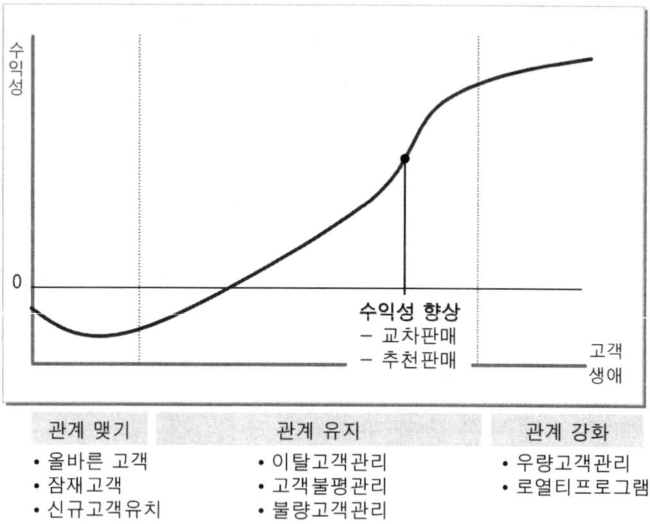

[그림 4-7] CRM의 단계별 특징

고객관계관리(Customer Relationship Management)

고객에 대한 정확한 이해를 바탕으로 고객이 원하는 상품과 서비스를 지속적으로 제공함으로써 고객을 오랫동안 유지시키고 결과적으로 고객의 평생가치를 극대화시켜 수익성을 높 일수 있는 고객관리 시스템이라 할 수 있다. 즉 고객과 관련된 기업의 자료를 분석, 통합하여 고객 특성에 기초한 마케팅 활동을 계획하고, 지원하며, 평가하는 과정을 말하는 것이다.

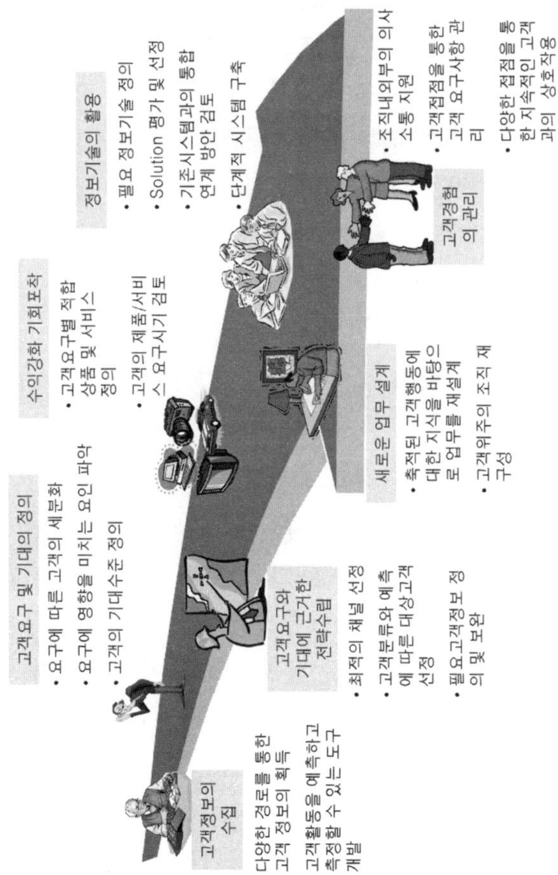

[그림 4-8] 고객관계관리(Customer Relationship Management) 프로세스

기업의 입장에서 새로운 고객을 유치하는 것은 기존 고객을 유지하는 것 보다 6~7배나 더 많은 비용을 초래하기 때문에 항상 보다 높은 고객 만족도, 좋은 서비스를 제공해서 기존 고객을 붙잡아 두는 것이 훨씬 이익이다. 그렇게 함으로써 고객들은 보다 저렴한 비용으로 기업의 서비스를 이용할 수 있는 것이다. 이러한 목적을 달성하기 위해서는 고객과의 관계를 좀 더 효율적으로 관리·유지할 필요가 있으며, 이와 같은 이유로 기업 차원에서 고객관리에 기초한 마케팅이 필요한 것이다.

고객에 대한 정보를 수집하고, 수집한 정보를 분석한 후 효과적으로 활용함으로써 고객을 적극적으로 관리하고 유지하며, 고객의 가치를 극대화시키기 위한 기업 마케팅 전략이 정보기술과 결합한 것이라고 할 수 있을 것이다. 이를 통해 충성도가 높은 고객을 유지할 수 있으며 고객의 이탈로 인한 손실을 최소화할 수 있을 것이다.

(1) 기존 마케팅 방식의 한계

① 고객과의 접점에 있는 마케팅 부서만의 마케팅이 수행되고 고객의 중요성을 인식하지 못함으로 인해 기업의 모든 정보의 방향이 고객과 분리되었다.

② 고객의 요구사항을 파악하는데 한계를 보이고 있다. 고객은 인터넷과 같은 다양한 채널을 통해 기업에 대해 과거 어느 때보다 잘 알고 있는 반면에 기업은 고객의 요구를 분석하고 이해하는 데에 많은 문제점을 보이고 있었다.

③ 마케팅하려는 고객에 대한 자료나 정보가 부족하여 분석하는데 어려움이 있었다.

④ 고객에 대한 정보를 가지고 있다하더라도 지속적이고 장기적으로 고객에게 서비스를 제공할 수 있는 계획을 수립하고 관리할 수 있는 능력이 부족하였다.

(2) 기존 마케팅 방식의 해결방안

고객관계관리(CRM)는 고객과의 관계를 바탕으로 고객의 평생 가치를 극대화하려는 전략이며 이를 위해 다양한 고객접점, 예를 들면 영업사원, A/S직원, 전화, 인터넷 등으로부터 발생하는 고객의 특성 데이터를 분석하여 차별화된 마케팅을 실시하는 것이다. 기존의 마케팅은 일회성이었으나, 고객관계관리는 장기적으로 고객과의 관계를 유지하면서 고객 가치를 극대화시킨다. 또한 고객의 중요성을 인식하고 통합적인 관리를 수행하도록 사내 프로세스, 조직, 전략 등 경영 전반에 걸친 관리체계를 정보기술을 밑바탕으로 재조직하는 경영전략을 펼치게 된다.

4.3.2 CRM의 등장배경

① 시장의 규제완화로 인해 새로운 시장으로의 진입 기회가 늘어나고 있다. 그로인해 동종 업계에 경쟁사가 많아지고 있으며, 대체될 상품과 서비스가 많아지면서 구매자 중심의 시장으로 변화하였다.

〈표 4-2〉 고객과 경영환경의 변화

고객과 경영환경의 변화	
유통채널의 변화	인터넷의 확산으로 인해 시장이 오프라인에서 온라인으로 확장되면서, 고객과의 관계를 더욱 긴밀해지고 그 다양성 또한 증폭되어 가고 있다.
고객충성도의 변화	과거처럼 가격이 싸다면 장점이었던 시대에서 비싸도 분위기가 좋고 제품만 좋으면 성공할 수 있는 시대가 온 것이다.
라이프 스타일의 변화	고객의 복잡한 생활방식의 변화로 고객을 일일이 분석하고 관계를 유지하여 맞춤 서비스 기능을 수행해야 한다.
마케팅 커뮤니케이션의 변화	뚜렷하지 못하고 획일적인 마케팅의 시대는 가고 목표시장을 공략하여 차별된 광고 메시지를 전달하는 것이 중요하다.
정보기술의 발전	고객에 관한 정보를 과학적 분석기법으로 처리하여 고객에 관한 중요한 정보와 지식을 다양한 영업활동에 이용할 수 있게 되었다.

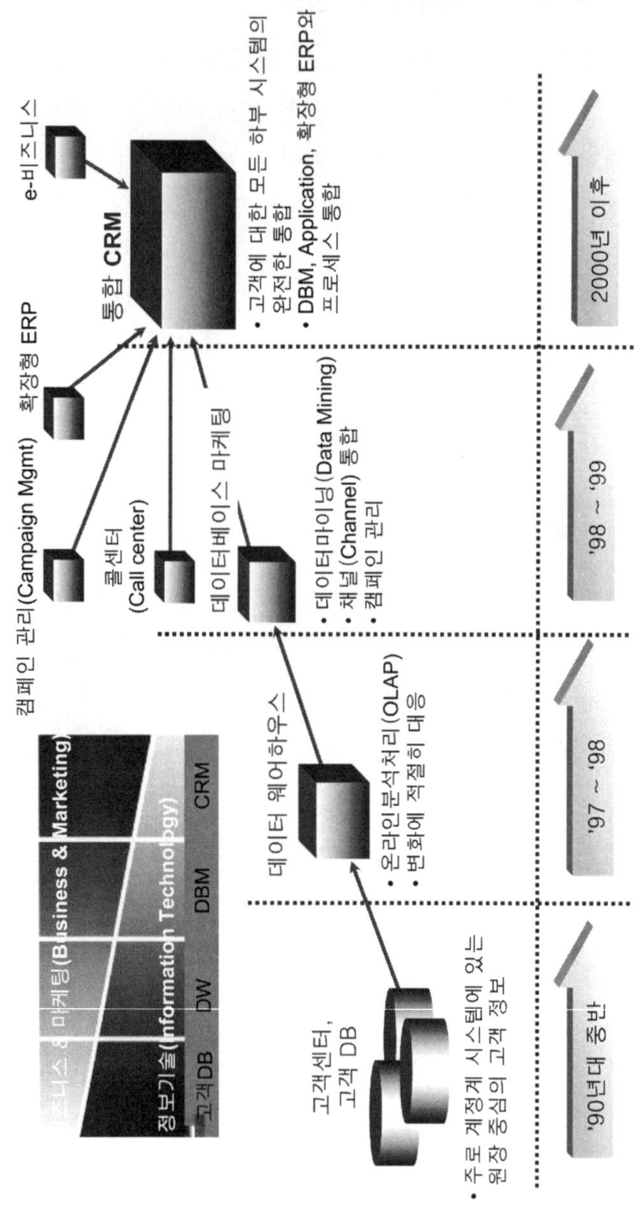

[그림 4-9] CRM의 발전과정

② 고객들은 각자에 맞는 상품과 서비스를 찾기 때문에 기업들은 예전과 같이 고객을 동질적 집단으로 간주하고 무차별적으로 공략하는 마케팅에 더 이상 의존 할 수 없게 되었다.

③ 시장 상황에서 고객에 대한 정보를 바탕으로 고객을 세분화하여 기존고객과의 관계를 강화해야 할 필요성이 대두되었다. 가장 중요한 변혁의 원인은 인터넷의 등장으로 CRM은 더욱 중요한 위치를 차지하게 되었다. 사람의 간섭을 최소화 하면서 다수의 고객에 대한 정확한 정보를 얻을 수 있게 되어 마케팅의 개인화가 보다 용이하게 구현된 것이다.

고객의 요구와 경영환경의 변화를 상세히 설명하면 <표 4-2>와 같다.

4.3.3 CRM의 목적 및 필요성

CRM의 목적은 모든 고객들을 똑같이 대접하는 것이 아니라 고객들을 차별화하여 각각의 고객들에게 맞춤식 제안을 하는 것이라 할 수 있다.

① **평생고객으로 유도:** CRM은 고객에게 서비스를 제공함으로써 자사에 이익이 되는 존재로서 전략적인 목표를 세워 평생고객으로 유도하는 것이다.

② **고객정보의 과학적 분석:** CRM은 기업과 고객 간에 발생하는 관계를 고객정보를 바탕으로 컴퓨터를 이용해 과학적으로 분석함으로써 고객에게 최상의 서비스와 만족도를 제공하기 위한 것이다.

③ **기존고객유지를 위한 투자:** 일반적으로 신규고객을 유치하

는 데는 기존 고객을 유지하는 것보다 6~7배의 마케팅비용이 발생한다고 한다. 최근 이동통신시장이 어느 정도 포화상태에 이르자 이제 통신사업자들의 관심은 새로운 고객을 유치하는 것보다 기존 고객의 이탈을 어떻게 방지할 것이냐에 모아지고 있다.

④ **새로운 채널로의 이행:** 정보기술의 발달로 기존 오프라인 상에서 온라인으로 확대됨에 따라 인터넷을 통한 가상공간으로 채널이 확장 되었다. 그에 따라서 새로운 판매프로세스를 도입하고 새로운 채널에서 경쟁력을 확보하기 위해서도 CRM시스템은 반드시 필요하다.

⑤ **고객의 특성에 맞는 마케팅 구축:** CRM시스템을 도입한 고객들은 불특정 다수의 고객을 대상으로 마케팅을 하는 것이 아니라 고객의 평생가치에 의한 고객의 세분화된 고객의 특성에 맞는 타겟(target) 마케팅의 기반을 구축 하려는 것이다. 수익성이 낮은 고객과 수익성이 높은 고객을 선별하여 별도의 마케팅 방법으로 접근하며, 확보된 고객이 우량고객이 되도록 하는 것이 기본 목적이다.

CRM의 중요성과 목적

- 이탈 고객의 발생원인 파악
- 상품의 연계 판매 기회 마련
- 채널의 효율화에 따른 이윤 극대화
- 가망 고객 추출 방안 모색
- 고객 세분화에 의한 고객 대응
- 업력 및 생산성 향상

4.3.4 CRM과 e-CRM

지금까지는 일반적인 CRM의 개념에 대해서 설명하였다. 그렇다면 e-CRM은 일반적인 CRM과 어떠한 차이점이 있을까? 간단히 설명하자면 e-CRM은 인터넷상에서의 CRM을 의미하고, 고객정보 획득, 커뮤니케이션 방법에 있어서는 차이가 있다고 할 수 있다.

e-CRM은 기업이 고객과 관련된 데이터를 모아 분석하고, 그 결과를 인터넷상의 다양한 채널을 통해 고객에 대한 차별화된 전략을 수립하고 이를 보다 효율적으로 관리하고 감독함으로써 기업의 수익을 올리는 목적을 달성할 수 있도록 한다. 또한 e-비즈니스의 특징인 실시간 반응, 실시간 가격책정을 할 수 있으며, 고객

과 기업 간의 관점에서 물리적인 거리를 제거함으로써 글로벌 관점에서 고객관리를 할 수 있다는 점도 매력적이다.

(1) e-CRM의 개념

온라인에서 수집한 고객 데이터를 저장 및 분석하여 가치 있는 고객을 선별하고 회사가 보유하고 있는 한정된 역량을 가치 있는 고객을 획득, 유지하는 일에 우선적으로 투자하는 프로세스를 말한다. 즉, e-CRM은 기존의 CRM과 목적은 같으나 채널이 오프라인에서 온라인으로 진화하였다는 점에서 다르다고 볼 수 있다.

(2) 다양한 채널의 통합

e-CRM을 성공적으로 실행하기 위해서는 다양한 채널을 통합화해야 한다. 고객관계관리는 고객과의 관계를 과거의 '기업주도적'에서 '고객 주도적'인 것으로 전환하는 것으로 근본적인 변화를 추구해야 한다.(<표 4-3> 참조)

〈표 4-3〉 기업주도형과 고객주도형의 채널통합비교

관점	기업 주도형	한 사람의 고객시장
관계의 본질	여러 고객의 시장	한 사람의 고객시장
시장	제품을 공급	혜택/서비스를 공급
판매	거래에 기반	가치에 기반
서비스	반응적(일방향)	상호작용적
접점	분산된 물리적 채널	통합된 채널(가상 물리)

(3) e-비즈니스와 e-CRM

CRM을 실현하기 위한 조직차원의 준비 작업으로 정보기술 구조를 갖추는 것은 인터넷의 특성이 반영되는 것이어야 한다. 전통적 경영에서는 기업이 원하고 접근해야 고객정보를 얻을 수 있었지만, e-비즈니스에서의 고객정보는 고객의 적극성과 참여에 의해 쉽게 확보할 수 있는 특성이 있으므로 이를 활용할 수 있는 환경을 구비해야 한다.

이러한 e-비즈니스 기반의 환경으로 경영환경이 변화하고 있으며, e-CRM또한 그 발전을 거듭하고 있으며, e-비즈니스 환경에서의 e-CRM에 대해 크게 4가지로 나누어 설명하면 <표 4-4>와 같다.

〈표 4-4〉 e-비즈니스 환경에서의 e-CRM

e-비즈니스 환경에서의 e-CRM	
비즈니스 패러다임 변화	오프라인뿐만 아니라 온라인에서도 CRM 마케팅이 가능하다. 하지만 아직 개인화에 그칠 뿐 전체적인 관점에서는 아직 CRM이라고 하기엔 부족하다.
e-비즈니스에서 CRM의 중요성	인터넷에서 고객과 접촉하는 회수가 많아지고 이런 특성 때문에 e-CRM을 도입하기가 용이하고 고객 네트워크를 효과적으로 관리하기가 매우 수월하다.
e-CRM과 오프라인 CRM의 통합	인터넷 공간의 고객과 오프라인의 고객들을 통합하여 관리한다면, 각각의 장점으로 막강한 경쟁력을 가질 수 있게 된다.
e-비즈니스 모델에 따른 CRM의 실현	고객과의 거래관계 특성에 초점을 두어야 할 내용이 달라지고, 구현하고자 할 상품 및 서비스를 고려하여 각각의 비즈니스 모델에 맞는 CRM을 구축하여야 한다.

4.3.5 CRM의 성공조건

CRM은 기업이 고객 정보를 신속하게 수집하고, 가장 가치 있는 고객을 파악할 수 있게 하며, 고객 맞춤식 상품 및 서비스의 제공을 통해 고객충성도를 높일 수 있는 경영기법으로 최근 이슈가 되고 있다.

이제 고객은 자신의 욕구에 적합하지 않은 상품이나 서비스는 수용하지 않으며 그들의 시장에서 접하는 다양한 상품 및 서비스들을 비교, 평가하여 자신이 필요로 하는 대안을 선택할 수 있는 환경에 놓여있다. 따라서 변화한 환경에 살아남고, 도약을 꿈꾸는 기업이라면 고객과의 관계를 새로이 설정하여 전략적 자산으로 관리하는 노력을 기울여야 할 것이다.

① **고객전략을 먼저 수립한 후에 CRM을 구축할 것:** 시장세분화 분석과 마케팅 목표를 결정하지 않고 CRM을 추진하는 것은 마치 설계도면이나 엔지니어링 척도 없이 집을 지으려는 것과 같다.

② **기업 전체적으로 고객 지향적 일 것:** 고객의 불만, 특성, 취향 등의 정보를 마케팅 부서에서 잘 활용한다면 시장의 변화를 느낄 수 있으며, 고객의 변화를 통해 새로운 마케팅이 가능하게 된다. 즉 고객정보에 대한 마인드를 바꾸고 개선하여 집중적인 관리를 통해 완전한 정착단계에 이를 수 있다. CRM은 고객, 정보, 기업 내 프로세스, 전략, 조직 등 경영 전반에 걸친 관리체계이며, 이를 정보기술이 밑받침되어 구성되는 것이다.

③ **조직 정비 후에 CRM을 가동할 것:** CRM기법에 투자하기 전에 내부 조직과 시스템을 정비하지 않는 것은 마치 집의 벽을 먼저 미장하지 않고 다시 칠하려는 것과 같은 것으로 오히려 상황을 악화시킬 수 있다. 그럼으로 고객 욕구를 더 잘 충족시킬 수 있는 방향으로 재정비해야 한다.

④ **CRM 초기에 필요 이상의 기술에 투자하지 말 것:** 많은 경영자들은 CRM을 기술 중심적인 것으로 인식하고, 단지 기술적인 솔루션에 의존하거나 최첨단 솔루션일수록 좋다는 생각에 과다한 비용을 지출하는 실수를 하게 된다. 그럼으로 자사의 고객전략과 프로세스에 적합한 CRM의 기술 수준을 결정하고 초기에 낮은 수준의 기술로 과제를 해결하는 것이 효과적이다.

⑤ **고객관리 활동이 스토킹이 되지 않도록 유의할 것:** 관계라는 속성은 양방향 도로와 같은 것으로, 수익이 되는 고객과의 관계를 더욱 견고히 하고 싶어도 고객이 이를 원하지 않을 수도 있다. 이러한 가치 있는 고객과의 관계 구축에 실패한다면 이들을 결국 경쟁사에 뺏기는 상황에 처할 수 있

다. 또한 관심이 없는 고객과 관계를 구축하기 위해 무리하게 노력하게 되면 스토커처럼 인식되어 혹독한 비평으로 이어질 수 있는 위험을 가지고 있다. 따라서 고객별로 상황에 따라 적절한 수준에서 전개되어야 한다.

4.3.6 CRM에 관한 기업사례

CRM의 이해를 돕기 위해 경매 사이트인 "옥션(Auction)"에 대하여 알아본다.

> 이 사이트의 특징을 한마디로 요약하면 단돈 1000원으로 100만 원짜리 제품을 구할 수 있다는 것이다.(이곳에서 파는 모든 신상품의 최저 가격은 항상 1000원이다. 경매 매니아나 새내기의 경우 10원만으로도 물품을 구매 할 수 있다.) 이것이 옥션이 이야기하는 기본 마케팅 전략이며, 다른 인터넷 쇼핑몰에 대응 할 수 있는 가장 큰 무기이다.

(1) e-CRM관점에서의 옥션

이제 옥션을 e-CRM관점에서 살펴보자. 옥션의 경우 처음 회원가입 때부터 고객관리를 위한 여러 자료들을 수집하고 있다. 고객의 이름, 주민등록번호, 주소, 전화번호뿐만 아니라 고객의 직업, 결혼 여부, 결혼기념일, 취미, 관심물품, 차량 소지 여부(차량의 차종 및 회사, 모델명, 주행거리등 차량의 모든 정보를 기록), 심지어는 고객의 컴퓨터 회선 사양까지 수집한다. 그것으로 고객들의 구매 성향을 파악할 수 있고, 고객으로부터 수집한 직접적인 정보를 이용할 수 있다.

물론 옥션에서는 이것을 바탕으로 고객에게 딱 맞는 맞춤 서비스 이룩함으로써 고객의 만족을 증대시키고, 고객 지향적인 마케

[그림 4-10] 옥션의 관리시스템

팅을 펼칠 수 있다. 또한 옥션으로부터 서비스를 제공받은 고객이 지속적으로 이 기업의 서비스를 이용함으로써 기업의 궁극적인 목표인 이윤 증대도 이루어지게 되는 것이다. 옥션은 이를 통해 일반 콘텐츠 제공 업체들과 차별화를 한다는 전략이다. 실제로 자신이 입력한 정보에 따라 매일 이메일로 옥션 소식지가 발송되고 있다. 특히 기념일의 경우 축하 메시지와 함께 그날 사이트 이용시 혜택을 주는 옵션까지 제공하고 있다. 또한 경매 참여시 지속적인 경매 상황을 알려줌으로써 고객을 옥션 사이트에 묶어 둘 수 있는 효과를 얻고 있다.

(2) 옥션의 고객관리 마케팅 전략

인터넷을 통한 경매업체나 같은 경우 고객의 참여가 이루어지지 않으면 절대로 성립이 될 수 없는 사업 중 하나이다. 그렇다면 옥션은 과연 어떠한 마케팅 전략으로 고객획득에 나섰을까? 옥션의 마케팅 전략은 <표 4-5>에 나와 있으며, 오늘날 요구되는 마케팅과 고객에 관한 대응 사항을 설명해 놓았다. 상품을 만들기 전에는 반드시 고객에 관한 확실한 전략과 어떠한 고객을 목표를 할

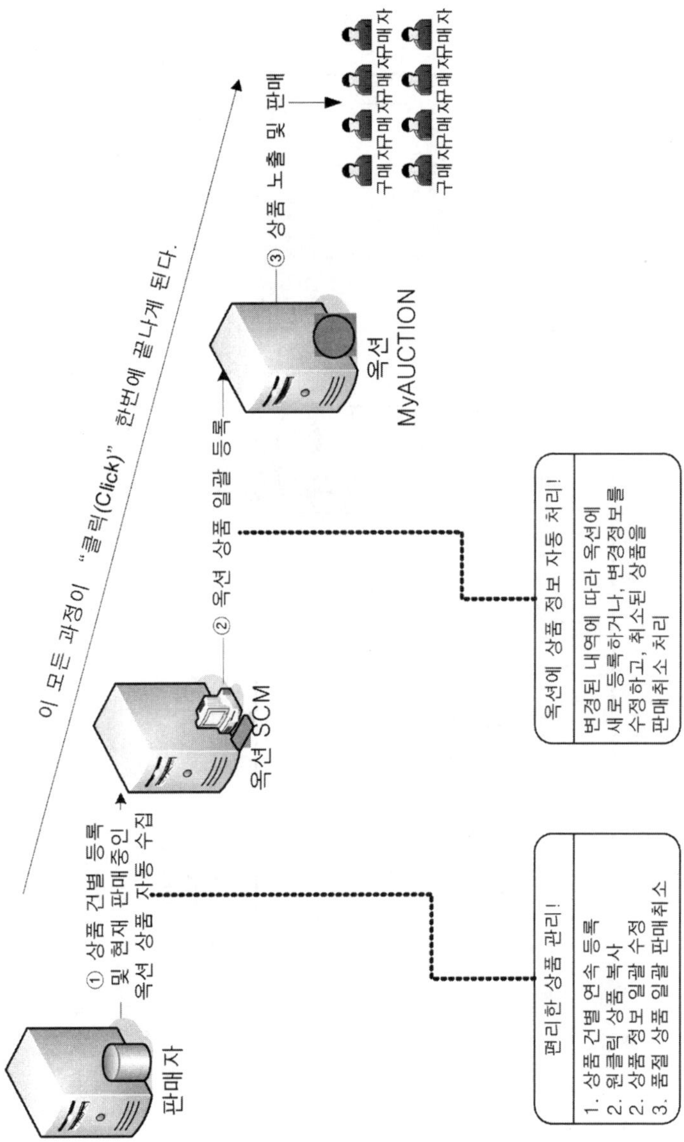

[그림 4-11] 옥션의 상품/송장/배송 관리

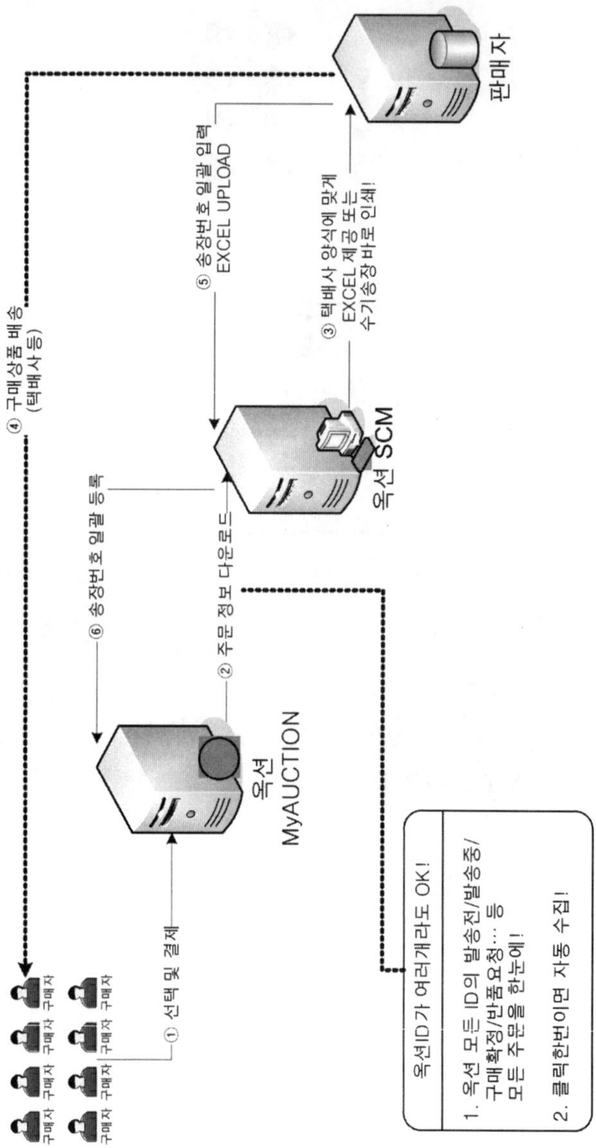

[그림 4-12] 옥션의 발주/주문/결제 관리

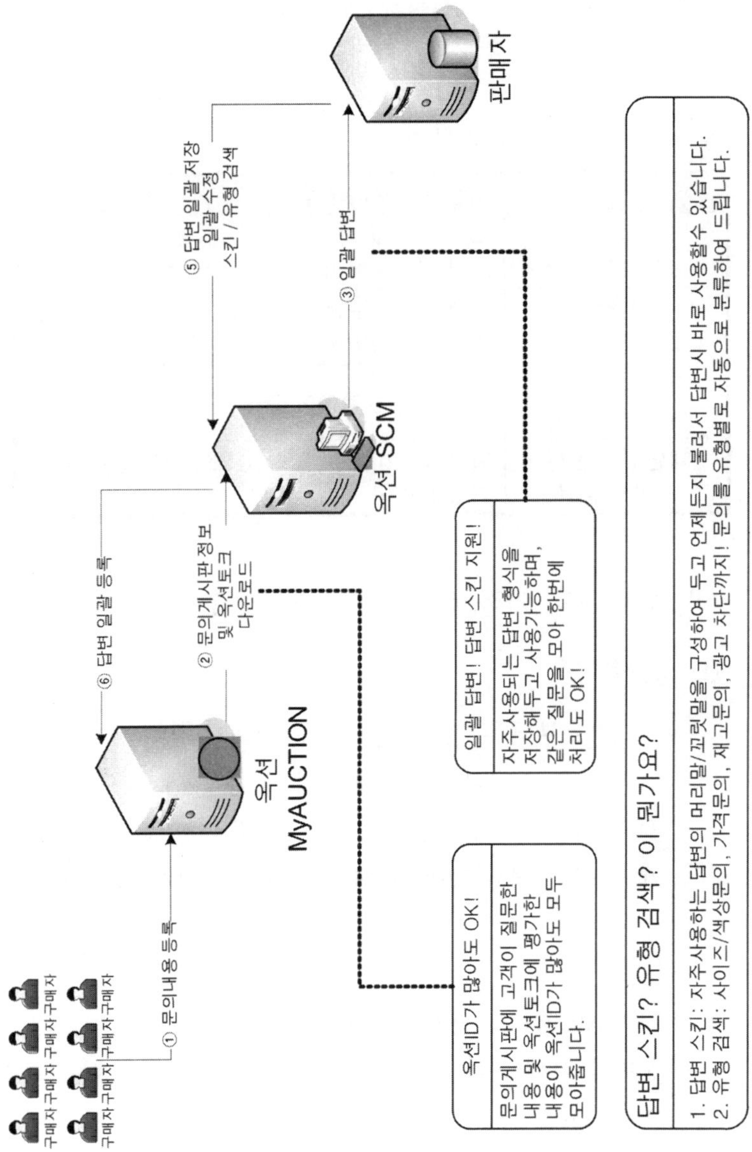

[그림 4-13] 옥션의 문의/옥션 토크 관리

것인가에 대한 전반적은 계획을 세운 뒤 상품을 설계하는 이른바 계속 말해오던 고객 주도형 시장이 되고 있다는 것이다.

〈표 4-5〉 옥션의 고객마케팅 전략

옥션의 고객마케팅 전략	
고객 세분화 목표고객 선정	고객 가입 성향을 분석해 고객을 세분화하고 고객 신용도에 따라 서비스를 차별화
고객별 마케팅 수단 제공	고객의 신용도에 따라 결제 방식의 차별화 및 마케팅의 차별화
고객의 신속한 의사결정 지원	고객의 관심분야에 관한 전문적인 정보 제공
개인화 맞춤형 서비스 실현	일대일 서비스를 통해 고객의 확보를 통한 기업의 이익 증대 실현

(3) 생산, 광고, 가격, 유통을 통한 마케팅 전략

① 생산측면

- 고객으로부터 수집한 데이터와 고객센터의 고객 제안을 바탕으로 고객 관심분야의 경매 물품을 제휴된 오프라인상의 기업들에게 제안함으로써 그 물품을 공급받는다. 현재 옥션의 경우 1100여 개 기업들과 제휴를 맺고 있다.

② 가격측면

- 경매(Auction)를 통해 물품을 구매한다는 것 외에 재미와 흥미를 더해 준다. 그 예로 실제 옥션의 사이트에는 '가격 알아맞히기 사이트'가 있는데, 이것은 여러 사람이 참가하는 오락 같은 쇼핑으로, 이용자를 사이트에 몰입하게 만들어버린다.

- 옥션에 나오는 제품의 가격은 고객들이 결정한다는 특징이 있다. 고객에 의한 입찰 방식으로 이는 타 쇼핑몰과 비교해 상당한 경쟁우위에 있다.
- 포인트 적립을 통해 지속적인 고객 접속을 유도한다. 포인트가 늘어남에 따라 경매에 참여 할 수 있는 기회가 많아지고 좀 더 실속 있는 제품의 경매에 참여할 수 있도록 하고 있다. 그리고 포인트 우수 고객에 대해서는 수수료를 싸게 책정하여 제품을 좀 더 싼 가격에 공급할 수 있도록 함으로써 고객들을 옥션의 회원으로 유지시킬 수 있다.

③ 유통측면

- 유통 방법으로 기존의 택배 서비스뿐만 아니라, 우편 발송(등기, 소포, 일반 우편 등), 옥션 자체의 옥션 택배서비스의 3가지 방법을 제시하고 있다. 여기서 고객의 위치가 어디냐에 따라 고객에게 가장 알맞은 택배 방법을 제시한다. 옥션 택배의 경우 발송 중 물품의 위치를 고객이 수시로 파악 할 수 있다. 우편 발송의 경우 고객의 위치에서 가장 가까운 우체국으로 물품을 배달함으로써 고객의 불필요한 추가비용 지출을 막고 있으며, 기존의 택배 서비스를 이용할 경우 물품의 배송 상태와 그 결과를 고객에게 수시로 이메일을 통해 알려줌으로써 맞춤형 서비스를 실현하고 있다.

④ 광고측면

- 이메일과 안내 우편물을 통한 광고를 이용해 1:1 서비스 즉, 직접 판매를 유도함으로써 그 고객과의 관계유지 마케팅을 실천한다. 한 번 등록된 고객에게는 지속적인 광고

및 홍보 전략으로 여러 가지 이벤트를 제시함으로써 고객과의 관계를 더욱 돈독히 할 수 있다.(10원짜리 경매, 1000원짜리 경매, 역경매 등 단순한 경매뿐만 아니라 경매를 통해 재미를 느껴 고객이 계속 옥션에 관심을 가지고 찾을 수 있도록 유도한다.)

4.4 확장형 ERP를 마치며

정보기술의 중요성은 날이 갈수록 그 입지가 탄탄해지고 있다. 그간 인식해오던 업무의 속도나 효율성을 중시해오던 전산화된 환경이 아니라 기업의 경쟁력과 미래를 볼 수 있는 경영전략으로 정보기술이 사용되고 있으며, 그 중심에 ERP가 존재하고 있다. ERP는 기업 내부의 업무 최적화를 통해 기업의 경쟁력을 강화하고자 했었다면 이제는 그것을 확장한 확장형 ERP의 시대라고 할 수 있을 것이다.

기업 내 최적화된 환경도 중요하지만 그것과 직접적으로 연결된 여러 기업들과의 정보공유를 통해 재고의 비용을 최소화하고 정보기술을 이용하여 업무 속도 등을 최적화하는 SCM, 그리고 고객 중심 지향적 시대로 넘어가고 있는 지금 그 어느 때보다 고객관리는 대단히 중요하다고 할 수 있다. 무차별 마케팅이 아닌 고객을 확실히 알고 그 고객만이 누릴 수 있는 최적의 서비스와 마케팅을 통해 고객이 이탈하지 않도록 하는 것이 상당히 중요하게 되었고 그것을 가능하게 하는 CRM이 있는 것이다.

최근 ERP, SCM, CRM 등을 도입하는 중소기업들이 늘어나고 있다. 하지만 그 중에는 불행히도 막대한 비용을 지불하여 정보시스템을 구축하였음에도 불구하고 몰락한 기업이 있으며 전혀 그

것을 활용하지 못하는 기업들도 있는 것이 사실이다. 그 이유는 아무런 준비작업 없이 정보시스템만 구축하면 모든 것이 다 해결될 것이라는 경영층의 마인드 부재와 직원들을 동참시키지 못한 것에서 이유를 찾아볼 수 있을 것이다.

정보시스템 구축에 앞서 기업은 우리가 왜 이 시스템을 구축하여야 하는지 면밀히 조사하여 따져 보아야 하고 기업 내 모든 직원을 교육하여 시스템 구축 후에 올바른 방향으로 나아가고 기업의 경쟁력, 이윤 극대화를 위해 끊임없는 노력이 필요할 것이다. 이러한 일련의 과정들을 거치며 우리 기업들은 계속기업으로서의 유지와 나아가 세계화에 부응하는 일류기업으로 재탄생할 수 있을 것이다.

05 CHAPTER

ERP 실무 활용

5.1 자재관리 기능과 성격

5.1.1 자재관리의 기본개념과 특성

(1) 자재관리의 정의

생산 활동에 필요한 자재를 필요로 하는 시기에, 소정의 품질과 수량을 적정한 가격으로 준비하고, 생산 활동에 지장이 없도록 효율적으로 관리해 나가는 관리기능을 뜻한다. 따라서 생산에 쓰이는 모든 재료를 생산계획에 원활하게 조달할 수 있도록 자재의 구매 및 저장 등에 소요되는 경비를 최소화시키기 위한 관리 수단이라 할 수 있다.

생산활동에 지장이 없도록 관리해 나가는 관리기능

(2) 자재관리의 중요성

시장 정보에 따른 정확한 수요예측에 접근하려는 분석으로 재고량 파악으로 부족한 만큼 보충할 소요량을 말한다. 합리적인 재고관리의 중요성은 다음과 같다.

- 진리의 중요성: 자재가 없으면 생산이 불가능하다.
- 품질의 중요성: 품질은 제품이 완성되어 소비자에게 전달된 이후에도 영향을 미친다.
- 부식화 방지
- 보관면적 및 공간의 유효화

5.1.2 재고의 유형

① **재고:** 기업의 생산기능과 판매기능을 연결하는 물품의 흐름이 시스템내의 어떤 지점에서 정체되어 있는 상태를 말한다. 즉, 생산에 투입된 원자재나 부품, 생산 공정내의 재공품 또는 반제품, 아직 팔리지 않은 완제품, 그 밖의 소모품 등을 일컫는다.

재고는 수요와 공급 간에 예상치 못했던 불규칙적인 변동이 심할 때 이를 조정하는 역할을 하며, 생산활동과 판매활동이 순조롭게 진행되도록 해주고, 간혹 가격변동으로 인한 이익을 얻기 위해서 사용되기도 한다. 그러나 재고는 과다하거나 부족하게 되는 경우 큰 손실을 가져다준다. 과잉재고는 자본을 사용하지 않고 묵히는 것을 의미하며 자본비용의 발생요인이 되며, 부족재고는 시장수요를 충족시키지 못함으로써 판매이익을 감소시키는 결과를 가져온다.

② 기업에 일반적으로 보유하게 되는 재고는 순환재고, 예상재

고, 파이프라인 재고, 완충재고로 분류할 수 있다.

- **순환재고:** 일시에 필요한 양보다 더 많이 주문하는 경우에 생기는 재고를 말한다.
- **안전재고:** 안전재고는 시장수요와 조달기간이 불확실한 경우에 대비하여 보유하는 재고를 의미한다.
- **예상재고:** 계절적인 수요변동, 가격등급, 파업 등을 예상하고 이에 대비하기 위하여 보유하는 재고이다.
- **파이프라인 재고:** 운반 중에 있는 제품이나 공장의 생산 공정에서 가공하기 위해 이동 중에 있는 재공품을 말한다.
- **완충재고:** 재고에 관한 의사결정을 여러 곳으로 분산시키기 위해 보유하는 재고를 말한다. 공장에서 기계설비의 고장이나 사고에 대비하여 각 작업별로 보유하고 있는 재고 등이 이에 속한다.

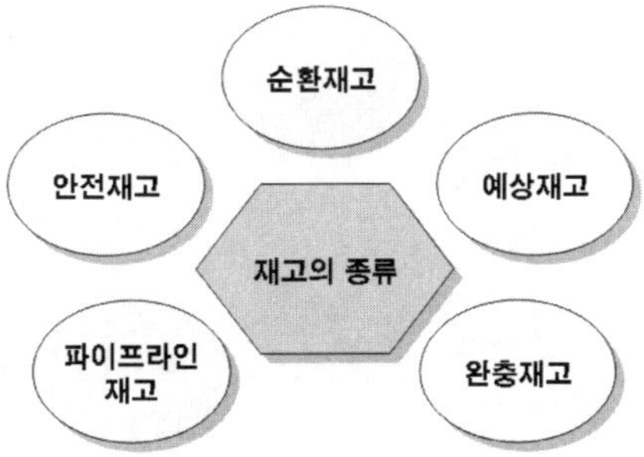

[그림 5-1] 재고의 종류

5.1.3 재고관리의 과제와 재고관리 비용

재고관리의 가장 중요한 과제는 필요에 따라서, 필요한 양의 재고를 어떻게 유지 하는 것이며, 과잉재고도 없고 부족재고도 없는 재고수준, 즉 최적의 재고수준을 결정하는 문제는 결국 재고와 관련된 모든 비용을 가능한 한 감소시키는 것으로 재고와 발생되는 비용은 다음과 같다.

① **재고유지비:** 재고를 유지하고 보관하는데 소요되는 비용(보험료, 창고사용료, 도난에 의한 손실, 재고에 부과되는 세금)

② **주문비:** 재고보충을 위한 주문과 관련하여 발생하는 비용(주문처리 및 촉진비, 통신료, 서류 작성비)

③ **준비비:** 재고품을 외부에서 구매하지 않고 자체적으로 공장에서 생산하여 조달하는 경우에 소요되는 생산준비비용(직접 노무비)

④ **재고부족비:** 재고부족으로 인해 발생하는 비용(판매기회 및 고객의 상실로 인한 손실, 판매촉진비용)

5.1.4 재고관리시스템의 모형

① **정기주문시스템:** 일정 시점이 되면 정기적으로 적당량을 주문하거나 생산하여 적정재고수준을 유지하는 방식이다.

② **정량주문 시스템:** 재고가 일정 수준, 즉 재 주문점에 도달하

면 고정주문량만큼 생산하여 적정재고수준을 유지하는 방식이다. 슈퍼마켓이나 백화점 등에서 많이 사용된다.

5.1.5 ABC분석

① 재고관리기법중 하나로 매출액 비율은 높으면서 품목 수는 상대적으로 적은 품목들은 A품목으로, 매출액 비율은 낮으면서 품목 수는 상대적으로 많은 품목들은 C품목으로, 그리고 A와 C사이에 위치하는 품목들은 B품목으로 분류된다.

② A품목에 속하는 것들은 그 중요성이 매우 큰 품목들이므로 재고의 입/출고, 재고수준의 실사, 주문량의 결정 등에 상당한 주의를 기울여야 한다. 이에 반해 C품목은 매출액 비율이 상대적으로 낮은 저가품목으로서 주문량의 확대에 따른 수송비의 증가가 큰 문제점으로 대두될 수 있기 때문에 이에 대한 대책을 마련하는 동시에, 가격할인을 통해 매출액을 높이는데 중점을 두어야겠다. 그리고 B품목에 대한 관리노력은 A품목과 C품목의 중간선에서 이루어져야 할 것이다.

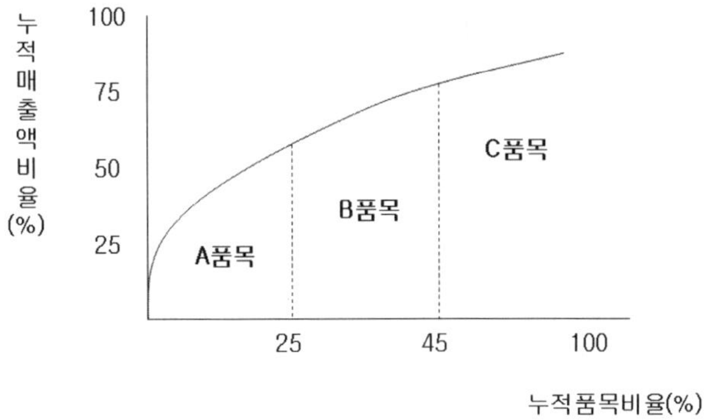

[그림 5-2] ABC분석 그래프

5.1.6 자재관리 기법

(1) JIT의 개념 (Just In Time)

① **JIT의 기본개념:** 인간생활 또는 사회생활에서 낭비를 없앤다는 철학에 근거를 두고 있다. 시간의 낭비, 노력의 낭비, 물자의 낭비는 제품을 생산하는 공장에서 비용을 절감하기 위해서는 가장 우선적으로 추방해야 할 일이라는 것이다.

JIT에서는 생산현장에서 없애야 할 낭비의 형태를 아래와 같이 일곱 가지로 구분하고, 낭비의 원인과 상태를 철저히 분석하고 있으며 모든 종업원들에게 철저한 교육을 통한 이들의 제거에 지속적인 개선을 하는 것이다.

[그림 5-3] JIT의 개념

(2) JIT 시스템의 효과

① **리드타임의 단축:** JIT는 궁극적으로 리드타임을 배제하여 재고 때문에 묶이게 될 자금을 절감해 준다. 여기서 단축된 리드타임이란 변화에 대하여 신속하게 반응할 수 있는 능력의 향상과 융통성을 의미한다. JIT는 재공품 재고를 보관

하거나 운반하며 완충재고를 보관하고 처리하는데 투입되어야 할 간접 인건비 부문의 비용을 절약하게 해 준다.

② **풀 시스템:** 현재의 수요에 대한 반응으로써 생산을 시작한다는 점이다.

③ **최소 로트 생산:** 생산현장에서 필요한 수량은 가능한 작은 로트 크기가 작업을 수행하는데 효율적이고 재고가 적기 때문에 경제적이라는 것이다. 최소의 생산로트는 하나의 생산라인에서 생산해야 할 품목들의 수량이 다를 때 각 품목들을 순환적으로 생산하여 생산라인의 평준화를 하기 위한 것으로도 필요하다.

④ **최소의 생산준비시간:** JIT시스템에서 생산로트를 최소화하는 것은 그만큼 생산준비를 하는 횟수를 증가시키는 결과를 가져왔다. 따라서 생산준비 횟수의 증가에 따른 비효율성을 극복하기 위해서 생산 준비기간을 최소화 하지 않으면 안 되었다.

⑤ **공급자와 긴밀한 협력:** 부품 공급협력업체는 매일 부품을 정확한 시각에 지정된 장소에 공급해야 한다. 만약 부품이 지정된 시각에 도착하지 않으면 생산라인이 정지되기 때문에 막대한 손실이 발생한다.

⑥ **평준화 생산:** 시간적 평준화란 항상 꾸준하게 평준화된 생산을 하는 것을 말하며, 장소적 평준화는 전체공정의 각 단계에서도 작업이나 자재의 지연이나 초과되지 않은 평준화된 경우이다. JIT생산은 시장소요의 변화에 효과적으로 대응하는 것이므로 시장의 다양한 수요를 충족시켜 주기 위해서 다품종을 소량으로 평준화하여 생산하는 시스템이다.

⑦ **다기능공:** 수요의 변동에 따라 어떤 기계는 필요 없게 되고 또 다른 기계는 가동해야 하는 경우가 있으니, 이러한 다기능공의 작업 생산성을 높이기 위해서 생산설비의 배치도 다기능공의 작업수행에 알맞도록 설비배치를 해야 한다.

⑧ **자동화:** 기계나 공장에서 어떤 잘못이 발생하여 제품의 원래의 공정대로 생산 작업이 이루어지지 않을 때 즉시 그 기계나 공정이 스스로 정지하는 시스템을 말한다.

5.1.7 JIT와 MRP의 비교

① **JIT와 MRP의 적용분야:** JIT와 MRP는 생산에 필요한 부품들이 소요개념을 중심으로 하는 재고관리 시스템이라도 MRP시스템은 주문생산과 같은 비반복적인 생산에 적용하는 것이 유리하며, 반복적인 생산에 있어서는 JIT생산시스템이 보다 유리하다.

② **JIT와 MRP의 비교:** JIT와 MRP는 자재소요를 파악하고 필요한 시점에 조달하는 점에서는 같지만 JIT는 그때그때 필요량을 즉시로 조달하는 것이며, MRP는 미리 계획된 주생산일정계획에 따라 자재를 조달하는 것이다.

5.2 구매의사결정

5.2.1 구매의 의의

기업 활동에 있어서 필요로 하는 자재를 구입하는 행위를 구매라고 한다.

5.2.2 구매관리의 기본 기능

구매관리는 최적의 공급업체선정, 최고의 품질 확보, 적기의 납기준수, 낮은 공급가격을 달성하는 것이 목적이다.

① **발주:** 협력업체의 능력 분석과 구매단가를 설정하여 정확한 발주계획과 입고 계획을 수립하고 평가한다.

② **품질보증:** 무검사 시스템 및 현장 검사를 통하여 입고 후 작업 현장에 바로 투입될 수 있는 최고의 품질을 확보한다.

③ **협력업체 지원:** 지속적인 협력업체 유지와 품질유지를 위하여 적정한 품질지도와 가격설정으로 모기업과 동등한 지위를 유지하여주고 육성한다.

④ **원가관리:** 모기업에서의 공동 자재 구매하여 원재료 구입단가 절감 후 협력 업체에 사급 지원하여 공급단가를 낮추고 정확한 원가를 산출하여 공동의 이익을 유지하여야 한다.

5.2.3 구매부서에 요구되는 업무기능

구매부서는 기업의 30%~50%의 자금을 집행하는 부서로서 그 업무가 매우 중요하다. 구매부서는 철저한 원가 개념과 신념으로 업무를 임하여야 기업에 이익을 줄 수 있다. 구매부서의 주요업무기능은 다음과 같다.

〈표 5-1〉 구매업무의 기능

구매부서의 주요 업무 기능
•자재 구매 전략(방침, 정책, 계획)과 총괄 기능 • 원가기획과 제품별 재료원가 관리 • 협력업체(거래처) 선정 • 구매 계약조건의 설정 • 구매단가의 결정 • 발주(지급)관리 • 납기관리 • 협력사의 지원 • 결재관리

5.2.4 구매와 외주의 차이점

구매활동은 생산 활동에 필요로 하는 자재의 구매, 일반자재 및 시중 판매품, 외부에서 공급품, 대가를 지불하는 것을 약속하고 취득하기 위한 관리 활동이다.

〈표 5-2〉 구매와 외주의 차이

구 분	구 매	외 주
품질 · 규격(Q)	• 제조메이커 또는 일반 시장의 규격에 의한다.	• 발주기업이 지정한 가격, 도면에 근거한다.
가격설정(C)	• 제품메이커의 정책에 의한다.	• 비용 테이블 등을 기초로 하여 각 제조원가를 산출하고 협력하여 결정한다.
납 기(D)	• 표준리드타임은 계약상 고려하지만 원칙적으로는 수송기간만을 고려한다.	• 수주생산 방식을 위해서 생산리드타임을 고려한다.
제 조(P)	• 제조 메이커에 일임	• 사용설비, 재료, 제조방법 등에 관해 고려한다.
계 약	• 판매계약에 해당하는 것이 주요임	• 청부계약에 해당하는 것이 주요임
관 리	• 계약조건까지만 만족	• 양, 품질, 가격, 납기에 관한 지도가 필요하다.

외주활동은 거래는 회사의 내부 혹은 외부에서 행하여지는 활동, 회사의 방침에 의하여 행하여지는 활동, 제품 또는 서비스의 일부를 외부에 위탁하는 것을 말한다.

5.2.5 협력업체 개발

(1) 협력업체의 선정

협력업체의 선정은 선정 조건별로 평가해야만 하는 항목은 구매나 외주나 기본적으로 같다.

〈표 5-3〉 거래처 선정 기준

거래처 선정 시 선택기준
• 경영자가 "일에 적합한 사람"일 것 • 재무 사항이 건전하며 자금조달이 원활한 기업 • 종업원이 자질이 좋은 기업 • 관리자의 태도가 유연한 기업 • 설비, 기계가 비교적 새롭고 정리되어 있는 기업 • 기술력이 적합한 기업 • 노사 간의 분쟁이 없는 기업 • 후계자가 육성되는 기업

(2) 평가항목

연속 생산의 경우 시제품의 형태로 평가 할 수 있다. 협력업체의 평가에서 생산적인 기본 항목으로는 아래와 같다.

정기적인 항목으로는 서비스, 성의, 책임감, 협력성 등이 있다. 또한 거래처 선정 시 우선 유능하고 적극적인 업체가 우선순위이다. 이를 위해서 선택기준은 <표 5-3>과 같이 선정할 수 있다.

5.2.6 창고관리

(1) 기본기능

JIT시스템 도입 이후 기업들은 무재고, 무창고 시스템화 추세이다. 따라서 창고의 규모 축소를 추진하고 있다. 창고의 보관은 운전자금의 사장 및 관리비용의 부담을 갖고 있다.

(2) 창고관리의 정의

창고관리의 정의는 <표 5-4>와 같다.

〈표 5-4〉 창고관리의 정의

창고관리의 정의	
보세구역	해외 도입품이 세관에서 통관되기 전까지 해외 도입품을 보관할 수 있도록 관세청에 허가받은 지역을 뜻한다.
바코드	광학 판독용의 줄무늬를 뜻한다.
워크센터	생산 작업 라인의 위치를 지정한 것을 뜻한다.
작업 오더별 불출지시서	생산 관리에서 모델별 작업 지시한 필요 자재를 생산 공정에 불출하도록 지시한 목록 표이다.

(3) 창고관리의 책임과 권한

- 협력업체에서 납품한 자재의 취급 및 보관, 보존
- 생산용 자재의 불출
- 수입검사 부적합으로 판정된 반출 대기 자재의 보관
- 공정 중에 부적합으로 판정된 반출 대기 자재의 보관
- 생산종료 모델자재의 처분
- 해외 도입품 중 통관 전 자재에 대한 보관 및 보존
- 수입검사원에 의해 불합격 처리된 자재 반출

• 공정 중에 발생된 불합격품의 자재 반출

(4) 창고관리 절차

① **수입 검사의뢰:** 해외 도입 품 중 통관절차가 끝나기 전에 보세구역에 보관되는 자재의 보관 및 보존관리는 자재물류과장에 의해 관리되어야 한다.

② **입고:** 수입검사 절차서에 따라 검사가 완료되면 수입검사원은 합격 및 불합격수량을 전산에 입력하고 납품서를 자재물류 사원에게 송부하고, 무 검사품은 자재물류에서 전산입력을 하고 자재물류는 합격된 수량을 자재저장 위치에 이동시켜 보관하여야 한다. 자재물류 담당자는 자재의 손상 및 망실 등을 방지하기 위해 저장위치 코드분류 및 저장위치에 대한 지침을 기술한 저장위치 관리 지도서에 따라 지정된 위치에 보관하여야 하며 부적합한 자재가 생산 공정에 투입되지 않도록 하여야 한다.

③ **불출:** 생산관리에서 승인한 생산계획을 근거로 작업 주문별 불출 지시서에 따라 자재물류 담당자는 지정된 워크센터에 자재를 불출하여야 한다.

④ **보관 및 보존:** 보관된 자재들에 대한 품질의 보존유지를 위해 주기적인 점검을 실시하여야 하고 유효수명이 명기된 자재에 대해서는 식별관리하고 유효기간이 지난 자재는 관리부서장의 승인을 받아 폐기하여야 한다.

⑤ **불합격 처리된 자재관리:** 수입검사에서 불합격으로 판정된 자재에 대해 자내물류 담당자는 부적합보고서 또는 수입검사 현황에 따라 납품한 협력업체에 반품토록 통보하여야 한다.

⑥ **공정 불량품 대체관리:** 공정 중에 발견된 부적합제품 관리 절차에 따라 폐기 및 반품으로 판정된 자재는 생산관리부 담당자에 의해 자재물류 담당자에게 반납되어야 한다.

⑦ **취급:** 자재 입고 또는 생산 공정에 투입하는 자재 취급은 자재물류 책임자가 승인한 담당자가 취급해야 하며 자재취급에 있어 특별히 주의를 요구하는 자재는 자재취급 지도서를 작성하여 자재물류부서장의 승인을 받아 시행하여야 한다.

(5) 저장위치

① **목적:** 취급하는 자재에 대해 위치를 지정함으로써 자재보관과 품질유지를 용이하게 하고 자재의 입/출고 작업 및 관리의 효율성 증대와 공간 활용의 극대화를 이루는데 목적이 있다.

② **LOCATION 구성:** 아라비아 숫자 또는 영문자를 사용하여 대분류, 중분류, 소분류로 구분하여 여섯 자리로 표기하는 것이 적당하다.

- **대분류:** 공장 내의 자재 저장위치에 따른 장소별로 분류하는 것을 원칙으로 한다.

- **중분류:** 중분류는 대분류 지역 내에서 저장장소의 구조 및 배치위치에 따라 분류한다.
- **소분류:** 소분류는 배치위치에 따라 횡과 열(구조물인 경우 층)을 구분하여 표기한다.

5.2.7 자재관리 및 구매관리 시스템 구축

(1) 자재관리시스템 구축 개요

자재관리시스템은 기준정보를 정의하고 세부 업무를 수행하게 되는데 기준정보는 사내에 통용되는 모든 품목을 정의하되 거래가 이루어지는 모든 거래처와의 관계성을 설정해 두면 자재관리의 전반적인 업무흐름에 있어서 시스템으로부터 효율적으로 결과를 얻어낼 수가 있게 된다.

자재관리에서 처리되어지는 모든 사항은 원가관리로 직결되므로 회사의 원가관리정책을 사전정의하고 작업에 임하는 것이 원칙이나, 회사의 여건에 따라 원가관리시스템을 고려하지 않고 선 수행 할 수도 있다. 이에 대한 절차는 원가관리모듈을 참조하도록 하고 다음의 목록을 참조하여 자재관리 시스템을 숙지하도록 한다.

(2) 자재관리 업무 절차

ERP의 자재관리 프로세스는 재고생산(계획생산)을 기본으로 지원하지만 여타의 생산방식(조립생산, 주문생산 등)에서도 사용 가능하도록 설계되었다.

① 등록순서

- 종합코드 설정이 끝나면 자재에서 관리 할 창고를 등록한다. 이때 꼭 물리적인 창고뿐만 아니라 가상 및 논리적으로

분할된 창고도 등록한다.

- 재고단위와 구매단위가 다른 경우가 있을 경우 이에 대한 변환계수를 등록한다.
- 구매 대상 품목의 품목정보를 등록한다.
- 매입 거래처정보를 등록한다.
- 품목정보와 거래처 정보등록 후 구매할 품목에 대한 구매단가를 등록한다.
- 품목정보와 거래처 정보등록 후 구매할 품목에 대해 수배정보 즉 거래처, 구매단위, 발주율 등을 거래처 품목정보등록 화면에 등록한다.

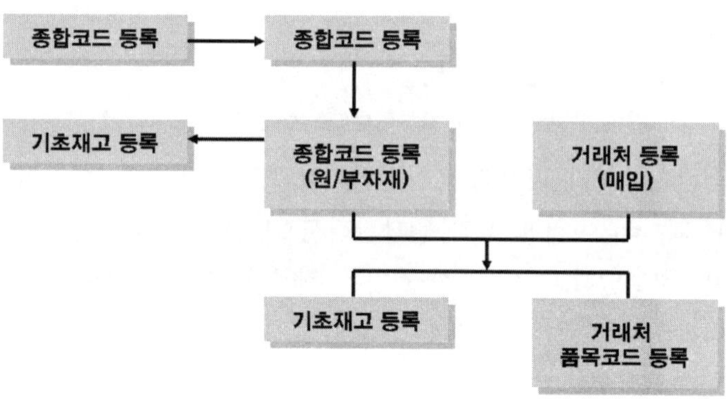

[그림 5-4] 자재관리 업무절차

(3) MRP 계산

① 품목정보, BOM정보, 품목거래처 정보 등의 기초정보를 바탕으로 이루어지므로 해당 자료가 입력되어 있어야 한다.

② MRP계획은 생산계획 혹은 수주 내역을 복사해서 사용하거나 추가 등록할 수 있다.

③ 구매BOM작성에서 제조 BOM기준으로 생성된 구매 BOM을 조정할 수 있다.

④ 회사의 업무환경에 맞는 옵션을 설정하여 소요량 계산을 한다.

⑤ MRP구매요청 작업을 수행한다. (품목거래처 정보를 바탕으로 업체배분을 수행하고, 만약 품목거래처 정보가 없을 경우 MRP구매요청은 업체지정 없이 재고단위로 구매요청이 이루어지고, 이는 구매요청 조정에서 조정하여 발주업무를 수행한다).

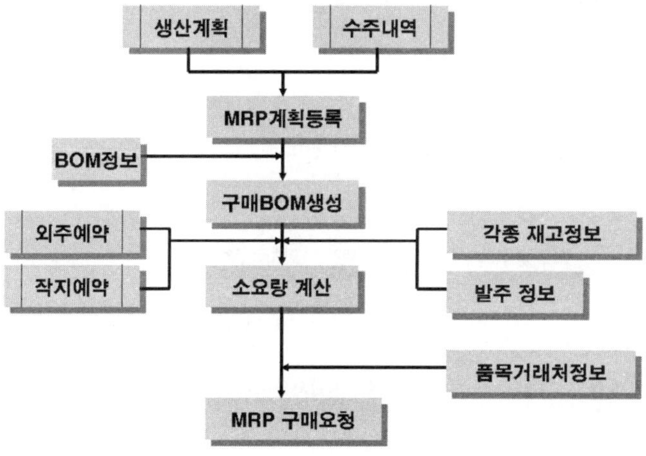

[그림 5-5] MRP 계산절차

(4) 일일 처리업무

① MRP 계산 혹은 현업 구매요청에 의해 발생된 구매 예정정보를 바탕으로 발주등록(외자인 경우 신용장(L/C: Letter of Credit)을, 외주인 경우 외주 발주를 등록)을 수행한다.

② 외자의 경우 신용장을 바탕으로 한 선하 증권(B/L: Bill of Lading)접수가 이루어진다.(Local L/C 도 B/L접수해야 함)
③ 외자의 경우 L/C 및 B/L 경비발생시 이를 등록한다.
④ 발주내역(외자의 경우 B/L)을 바탕으로 내자 외주, 외자접수가 이루어진다.
⑤ 접수내역을 바탕으로 수입검사 결과를 등록하고, 불량이 있을 경우 그 내역을 등록한다.(무검사품은 접수와 동시에 바로 합격처리 된다.)
⑥ 검사결과 합격품에 대해 입고처리 한다.
⑦ 작업장 출고예약에 의한 출고와 외주 발주내역에 의한 자재 출고업무를 수행하고, 경우에 따라서 예외 입출고 수불을 발생시킨다.

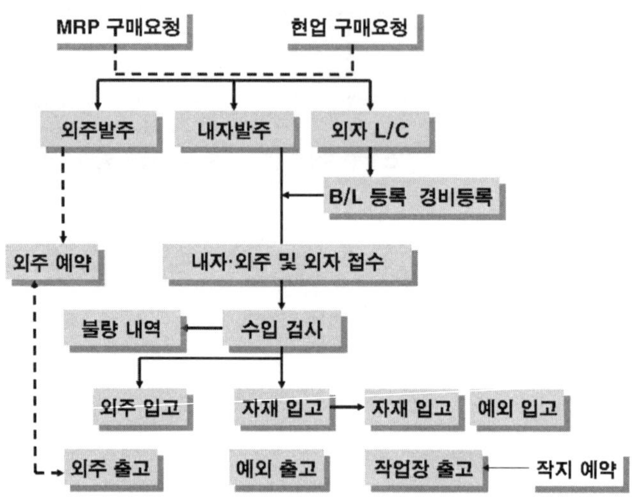

[그림 5-6] 자재관리 일일 업무 처리 절차

(5) 월 단위 처리업무

① **지급결의:** 통상은 거래가 일어날 때마다 계산서를 수령하고 이를 지급결의 처리해야 하나, 매월 1회 또는 2회에 걸쳐 일정 기간 동안 입고 수불을 취합한 계산서가 수령되고 이 때 처리하는 업무이다.

② **수입 부대비 배부:** 이번 월에 입고된 외자, 신용장에 대해 발생한 비용을 입고 단가에 반영시키기 위해 해당 품목의 물대를 기준으로 비용을 배부 하는 작업이다. 이는 재고금액 평가 작업을 수행하기 전에 반드시 수행하여야 한다.

③ **재고금액 평가 작업:** 이 작업은 자재 수불의 월 집계를 재집계하고, 자재의 월 단위 평균단가를 산출하고, 이를 재고 금액에 반영하는 작업이다. 이는 매월 반드시 수행하여야 하며 그 월의 수불이 끝난 후 월 마감 직전에 수행하는 작업이다. 수행 전에 반드시 수입 부대비 배부 작업을 완료 후에 작업한다.

(6) 재고 월 마감작업

당월의 입고, 출고, 반입, 반출, 이동 등의 수불 등록이 끝나면 자재 월 수불장을 확인하고, 월 마감 작업을 수행한다. 이 작업은 이번 월의 월말 재고를 다음 월의 월초 재고로 이월시키며, 이후에 이번 월의 수불을 더 이상 입력, 수정, 삭제하지 못한다.

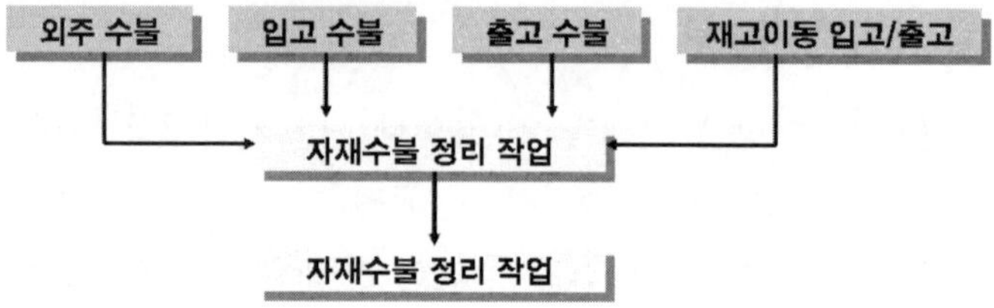

[그림 5-7] 재고 월 마감 작업 절차

5.3 생산관리

오늘날 각 기업들은 신기술개발에 박차를 가하고 새로운 기계를 도입하는 등 보다 품질이 우수한 제품이나 서비스를 생산하기 위해 많은 노력을 기울이고 있다. 최근에는 제조물 책임법(PL)이 본격 시행되면서 종래 해당 부서에서만 관장하던 생산관리기능을 조직전체 차원으로 확대시켜 전사적으로 생산성과 품질을 향상시키기 위한 활동을 전개하고 있다.

5.3.1 생산관리의 의의와 체계

(1) 생산관리의 의의

① **생산의 정의:** 기업이나 공공조직이 인간, 자재, 기계설비, 에너지, 정보 등 이용 가능한 자원을 유용하게 활용하여 제품이나 무형의 서비스를 산출하는 것을 말한다.

② **생산관리의 정의:** 생산관리란 생산 활동을 계획하고 조직하고 통제하는 기능을 의미한다. 이때 생산활동의 대상으로는 유형의 제품뿐만 아니라 다양한 서비스까지 포함한다.

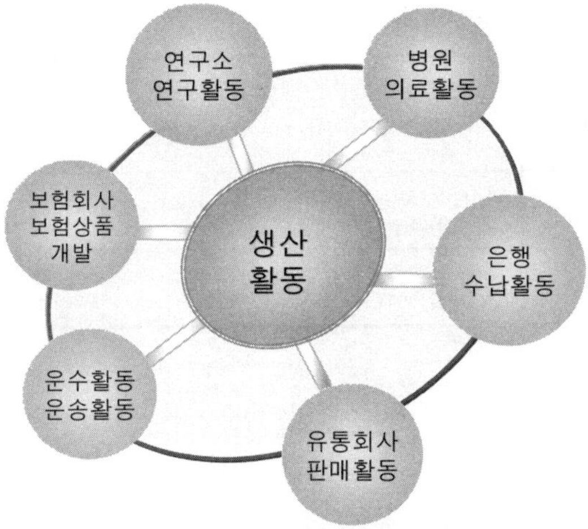

[그림 5-8] 생산활동의 대상

과거 생산관리란 재화를 만들어 내는 데 필요한 활동들을 일컫는 개념이었다. 그러나 오늘날에는 서비스를 산출하기 위한 활동도 이에 포함시키게 됨에 따라 생산관리는 생산 및 운영관리로 그 개념이 확장되기에 이르렀다.

(2) 생산시스템의 기본구조

기업의 생산 활동은 생산시스템을 통해 이루어지는 일련의 과정이다. 생산시스템이란 생산목표를 달성하기 위해 각종 자원을 효율적으로 투입하여 원하는 제품이나 서비스로 변환시키는 기능을 수행하는 집합체라고 할 수 있다.

〈표 5-5〉 생산 활동의 종류

생산시스템	투 입	변 환	산 출
제조공장	장비, 설비, 노동력, 에너지, 원자재	조립, 제조	완제품
병 원	의사, 간호사, 설비, 의료장비, 에너지	치료	의료서비스 및 완쾌한 환자
대 학	교수, 직원, 장비, 지식, 에너지	교육	졸업생, 연구 실적물

① **투입:** 생산시스템에서 투입이란 어떤 유용한 재화나 서비스를 창출하기 위하여 투입된 자원을 의미한다.

② **변환:** 변환과정은 투입된 재화나 서비스를 처리하는 과정이다. 유용한 재화나 서비스를 창출한다는 것은 투입된 비용보다 더 가치 있는 재화를 산출하는 과정이다.

③ **산출:** 산출은 생산시스템에 투입된 원료가 생산공정인 변환을 거쳐 유용한 재화나 서비스로 된 산출물이다. 생산된 제품은 시장으로 이동되어 고객들에게 판매되는 것이다.

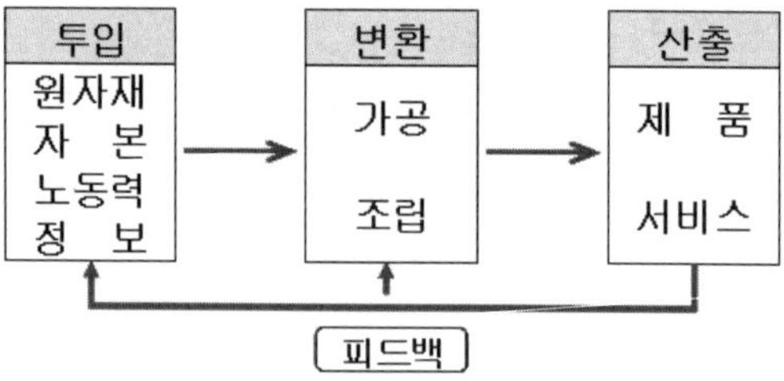

[그림 5-9] 생산시스템의 기본구조

[그림 5-9]에서 보는 바와 같이, 생산시스템은 투입물을 산출물로 바꾸는 변환 기능뿐만 아니라 피드백(feedback) 기능도 함께 지니고 있다. 이는 일종의 통제 기능으로 결과를 측정하고 생산목

표와 비교한 다음, 문제가 있는 경우에는 대책을 마련하는 역할을 하게 된다.

(3) 생산시스템의 유형

생산시스템은 분류기준에 따라 다양한 유형으로 나누어진다. 생산시스템은 제품의 주문형태에 따라 주문생산과 계획생산으로 나누기도 하며, 생산품종과 생산량에 따라 소품종대량생산, 다품종소량생산, 단일품종생산으로, 그리고 공정의 흐름에 따라서는 연속생산, 대량(반복)생산, 개별생산, 단속생산으로 분류하기도 한다. 이 중에서 비교적 많이 이용되는 분류방법은 공정의 흐름을 기준으로 하는 것인데, 이 기준에 의해 나누어지는 유형들에 대해 살펴보자.

① **단속생산:** 단속생산은 제품의 생산이 고객의 주문에 따라 이루어진다는 면에서는 개별생산과 비슷하다. 그러나 단속생산은 개별생산에서처럼 특정 품목의 생산이 1회에 그치지 않고 주기적으로 일정량만큼 혹은 배치(batch)로 생산한다는 점에 차이가 있다.

② **개별생산:** 개별생산은 중소규모 제조 기업에서 많이 볼 수 있는 생산시스템으로서 주로 고객의 주문에 따라 생산이 이루어진다.

③ **연속생산:** 연속생산은 표준화된 제품을 계획적으로 제조하는 생산시스템으로서 기술적으로 생산 공정의 흐름이 연속성을 지니게 된다.

④ **대량(반복)생산:** 대량(반복)생산은 조립라인의 형태를 취하는 생산시스템이다. 이러한 생산시스템에서는 제품생산을

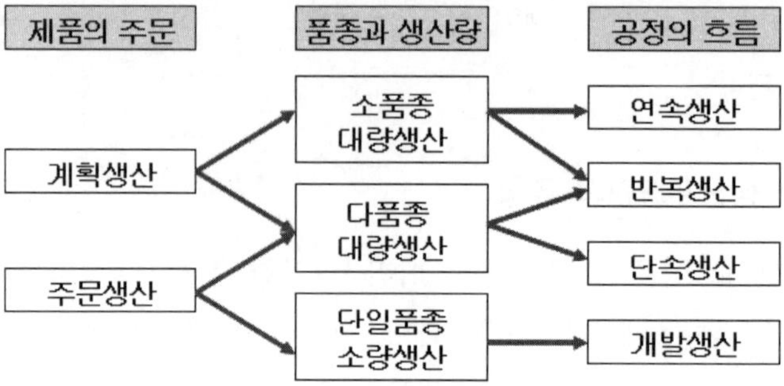

[그림 5-10] 생산시스템의 유형

위한 공정이 순서에 따라 여러 단계로 나뉘어져 각 단계마다 하나의 작업장을 형성하게 된다.

(4) 생산전략

생산부문의 구체적인 전략목표 차원으로는 원가, 품질, 납기, 유연성, 서비스 등을 들 수 있다.

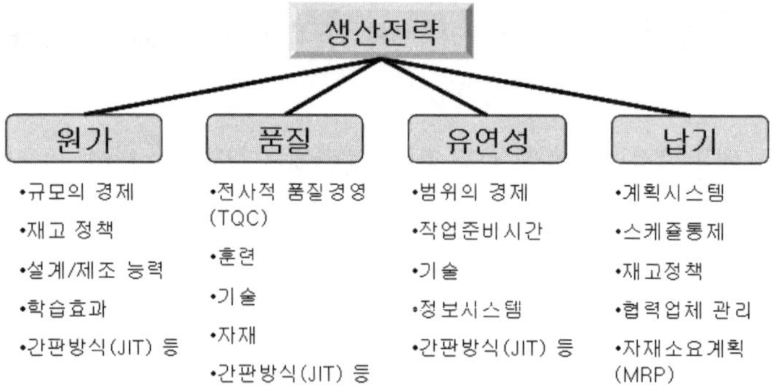

[그림 5-11] 생산전략의 내용

① **원가:** 제품을 생산·판매하는데 드는 재료와 노동가치

② **품질:** 사용에 적합한 상태

③ **납기준수:** 고객에 대한 신속성

④ **유연성:** 제품의 사양과 생산량에 대한 변화에 탄력적으로 대응할 수 있는 능력

⑤ **서비스:** 이용자의 편익

5.3.2 생산시스템의 설계

(1) 제품설계

제품의 설계과정은 [그림 5-12]에서처럼 일련의 단계에 따라 이루어지게 되는데, 개발과정이 진행됨에 따라 차츰 불확실성이 제거되고 구체성을 띠게 된다. 그런데 이러한 각 단계를 거치면서 다양한 기준들은 단일한 척도로 합쳐져서 평가가 이루어져야 한다. 따라서 이러한 과정들이 정형화 되어 한 번에 끝나게 되는 것은 쉽지 않고, 대개는 특정단계의 반복이나 생략, 아이디어의 폐기도 매우 빈번하게 일어나게 된다.

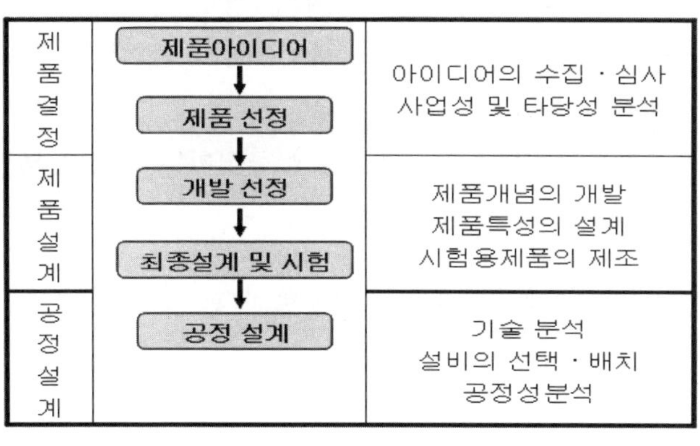

[그림 5-12] 제품설계의 체계

(2) 공정설계

① **생산공정의 선정:** 생산공정의 선정은 그 의사결정의 효과가 오랫동안 지속되는 것이므로 신중히 판단하여야 한다. 생산공정을 선정할 때에는 원료의 특성, 기술, 제품의 특성 등과 같은 제조상의 요인뿐만 아니라 시장의 수요량과 품질 등과 같은 마케팅상의 요인도 고려해야만 한다.

생산공정은 분류하는 기준에 딸라 다양하게 구분되는데 일반적으로 생산의 흐름에 따라 개별 생산 공정, 단속 생산 공정, 반복 생산공정, 연속 생산공정으로 나누어진다.

② **설비배치:** 생산시스템을 설계하는 데 있어 배치란 시스템을 통하는 고객이나 자재의 흐름이 원활하도록 부서, 작업장 및 시설을 배열하는 것이다. 설비 배치는 공정형태에 따라 다음과 같이 연속공정, 단속공정, 프로젝트 공정으로 나눌 수 있다.

- **연속 공정:** 흐름공정이라고도 하며 제품이 시설을 통하여 흐르는 속도를 통제하려는 목적
- **단속 공정:** 소량생산을 요하는 주문과 관련되며 단위당 가공비용이 높음
- **프로젝트 공정:** 특정작업으로 이루어지는 대형의 복잡한 사업과 관계 됨

또한 기본적인 배치형태로는 공정별 배체, 고정형 배치, 혼합형 배치, 제품별 배치로 나눌 수 있다.

- **공정별 배치:** [그림 5-13]과 같이 동일한 기능을 수행하는 모든 작업자와 장비를 장소에 모아 비슷한 기능을 하도록 배치하는 형태

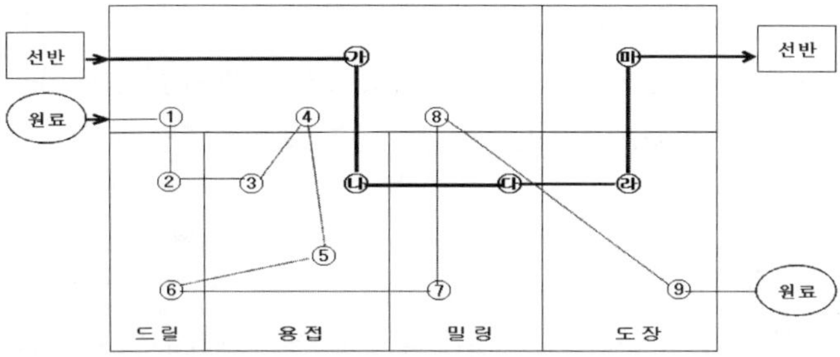

[그림 5-13] 공정별 배치

- **고정형 배치:** 제품이 이동하는 대신 작업자, 자재 등이 이동하도록 배치하는 형태
- **혼합형 배치:** 기본적인 배치형태를 혼합하여 사용하는 혼합형배치 형태
- **제품별 배치:** [그림 5-14]와 같이 대량제품이나 고객이 시스템을 통해 원활하고 빠르게 흘러가도록 배치하는 형태

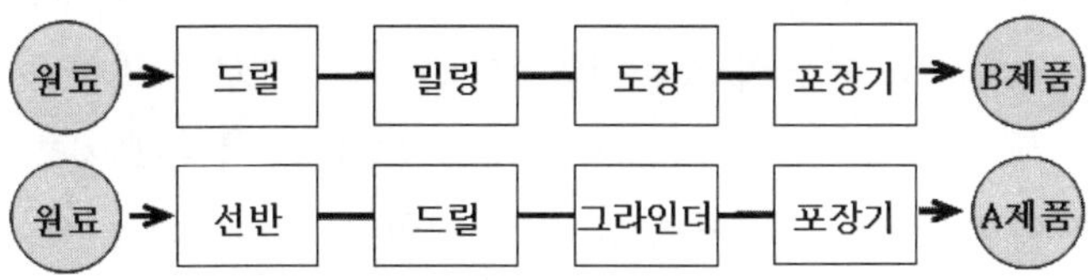

[그림 5-14] 제품별 배치

5.3.3 생산시스템의 운영 및 통제

(1) 생산계획의 의의

생산계획이란 생산을 시작하기 전에 판매예측이나 판매계획을 토대로 생산하려는 제품의 종류, 수량, 가격, 생산방법, 장소, 일정 등에 관하여 가장 경제적이고 효율적으로 배분함으로써 생산시스

템의 능력을 시장수요에 적응시키는 과정이라고 할 수 있다. 따라서 생산계획은 고객이 요구하는 제품 언제, 그리고 얼마만큼 생산할 것인가를 결정하는 것이다.

(2) 생산계획의 종류

생산계획의 종류는 생산계획의 기간에 따라서 장기 생산계획, 중기 생산계획, 단기 생산계획의 세 가지로 나눌 수 있다.

① **장기 생산계획:** 대체로 1~2년으로 기업의 장기간 생산을 계획하는 것으로써 이 계획을 수립할 때에는 기업의 조직목표, 장기 수요예측, 자본조달계획, 경쟁적 전략 등을 토대로 하여 설비결정, 제품 개발, 공정기술혁신, 입지결정 등을 계획할 때 사용한다.

② **중기 생산계획:** 중기 생산계획에 대상기간이 6개월~1년의 중기간에 걸친 생산계획을 수립하는 것으로써 이 계획은 생산능력과 자원의 효율적인 분배를 목적으로 수립한다. 중기 생산계획은 장기 생산계획, 기존설비, 중기 수요예측, 생산방법, 비용 데이터를 토대로 계획이 수립되며 고용, 해고, 생산수량, 잔업, 하청, 재고수준을 계획할 때 사용되는 계획이다.

③ **단기 생산계획:** 1개월~2개월의 단기간에 걸친 생산계획이며 생산요소의 효율적 사용이 목표가 된다. 단기 생산계획은 중기 생산계획, 수주, 납기를 토대로 계획이 수립되며 생산일정, 작업순위, 작업할당, 기계부하, 로트사이즈 결정 등에 이용된다.

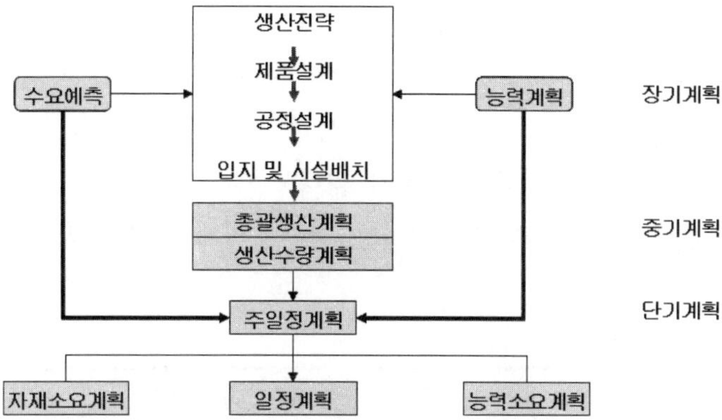

[그림 5-15] 생산시스템의 운영절차

(3) 총괄생산계획(APP)

총괄생산계획이란 약 1년 동안의 수요예측에 근거하여 무슨 제품을, 언제, 얼마만큼 생산할 것인가를 결정한다. 그런데 총괄 계획에서는 개별제품이 아닌 그룹제품을 대상으로 하여 생산계획을 세운다. 즉, 개별제품들 중에서 제품특성이나 생산 공정이 비슷한 품목들을 한데 묶어 이것을 하나의 그룹제품으로 분류하고, 그와 같은 그룹제품을 기본단위로 하여 생산수준, 인력수급, 재고수준, 납기 등을 결정한다.

〈표 5-6〉 총괄생산계획표

총괄생산계획						
월별	1월	2월	3월	4월	5월	6월
생산량	650	720	750	890	780	790

(4) 주일정계획(MPS)

① **주일정계획의 의의:** 총괄생산계획을 통해 그룹제품별 생산기간과 생산수준 그리고 고용수준 등이 결정되면 이 자료를

토대로 하여 주 일정계획을 수립하게 된다. 주 일정계획은 개별 제품별로 생산기간과 생산수준을 결정하는 것을 말한다. 일반적으로 제조 기업에서의 생산계획은 바로 이 주일정계획을 의미하는 경우가 많다.

주일정계획의 수립방법은 생산형태에 따라 달라진다.

〈표 5-7〉 주일정계획표

조업일 / 품명	4월	5월	6월	2/4분기	단위당 표준공수
	25일	24일	24일	73일	
파일 캐비닛	170	160	180	510개	3시간
캐비닛	300	250	240	790개	2시간
책상(대)	180	150	170	500개	3시간
책상(소)	240	220	200	660개	2시간
부하*	2,130	1,870	1,930	5,930시간	
능력**	2,000	1,920	1,920	5,840시간	

부하*: Σ(제품별생산량×단위당 표준공수)
능력** : 조업일수×@80시간

- **주문생산:** 주일정계획을 미리 세울 수 없고 주문을 받은 후에야 가능하다.
- **계획생산:** 수요예측과 현재의 재고수준을 고려하여 주일정계획을 수립한다.

- **주일정계획의 기본 전략**

- **재고생산 전략:** 고객인도시간을 최소화하기 위해 기업이 완제품을 재고로 보유하는 전략으로 제품중심 기업에서 주로 사용하며, 다양한 원자재로부터 적은 종류의 완제품이 생산된다.
- **주문조립전략:** 표준부품과 중간조립품으로부터 고객주문에 따라 다양한 종류의 완제품을 생산하는 전략으로 다양한 원

자재로부터 적은 종류의 중간 조립품이 생산되며 또한 이로부터 다양한 완제품이 생산된다.

- **주문생산전략:** 주로 공정중심 기업에서 사용하며, 고객이 요구하고 명세서에 따라 완제품을 생산하므로 높은 수준의 고객화를 제공한다. 적은 종류의 원자재와 부품으로부터 다양한 완제품, 부품들이 생산된다.

(5) 자재소요계획(MRP)

자재소요계획은 주일정계획을 토대로 하여 제품생산에 필요한 부품과 원자재의 종류, 수량, 주문시기 등을 결정하는 과정을 말한다. 주일정계획에서 확정된 완제품과 수량은 자재소요계획을 통해 생산기간별(주단위)로 부품 또는 원자재의 소요량으로 바뀌게 된다. 그리고 자재소요량이 결정되면 자재의 재고수준을 적절하게 유지하면서 제품이 제때에 생산되도록 추가로 소요되는 자재의 발주시기를 조정하게 된다. 자재소요계획을 효과적으로 수립하고 이것을 원활히 실행하기 위해서는 다음과 같은 자료들을 지속적으로 확보하고 검토해야 한다.

- **주일정계획(MPS):** 주일정계획은 개별제품에 대한 주별 또는 월별 생산계획이다. 제품생산에 필요한 부품 및 원자재의 수급계획이 이를 토대로 수립되기 때문에 주일정계획은 자재소요계획(MRP)시스템을 움직이는 엔진과 같은 역할을 한다.
- **자재명세서((BOM):** 자재명세서는 최종품목과 각 구성품 간의 관계를 나타낸 것으로 제품구조도 라고 한다. 즉, 완제품 1단위를 생산하는데 필요한 부품 및 원자재의 종류와 소요량을 명시한 자료이다. 따라서 자재명세서를 보면 어떤 자재가 얼마만큼 필요한지를 알 수 있다.

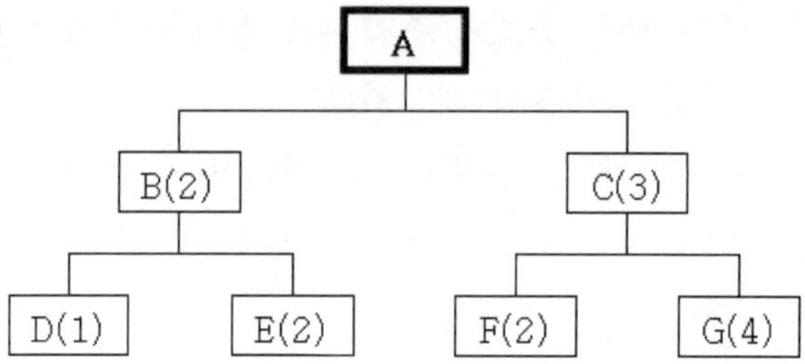

[그림 5-16] 자재명세서의 구성

- **재고기록철(IRF):** 재고기록철은 자재의 재고현황을 기록한 자료이다. 자재 명세서는 필요한 자재의 종류와 수량을 알려주지만, 재고기록철은 현재 보유하고 있는 자재의 종류와 수량에 대한 정보를 알려준다.
- **조달기간(lead time):** 조달기간은 필요한 부품이나 원자재를 외부에서 주문하거나 또는 자체적으로 생산하는데 소요되는 시간을 의미한다. 이 같은 조달기간은 자재의 발주시기를 결정하는데 필수적인 자료이다.
- **자재소요계획 수립의 요건:** 자재소요계획을 수립하는데 있어서 가장 중요한 것은 필요한 자재의 확인·재고·주문이 정확한 수량과 시간으로 이루어질 수 있도록 하는 것이다. 따라서 자재소요계획을 성공적으로 수립하고 실행하기 위해서는 주생산계획, 자재명세서, 재고기록, 리드타임 등에 대한 정확한 정보를 확보하고 이들 정보를 유기적으로 결합하여 효과적으로 활용할 수 있는 방안을 마련해야 한다.
- **자재소요계획의 도입 고려사항:** 자재소요계획은 생산 공정이 어느 정도 안정적으로 운영되어 생산이나 품질수준에 큰 변화가 없을 때 본래의 기능을 발휘할 수 있게 된다. 따라서 이러한 상태가 못 되거나 적용자체가 곤란한 경우 자재소요계

획을 고집할 필요는 없을 것이다.

(6) 일정계획

• 일정계획의 의의

생산계획에서 총괄생산계획, 주일정계획, 자재소요계획이 수립된 다음에는 마지막으로 일정계획을 세워야 한다. 일정계획은 매일매일 선정하고, 이들 작업의 우선순위를 정하여 생산이 정해진 시간에 이루어지도록 하는데 주안점을 둔다.

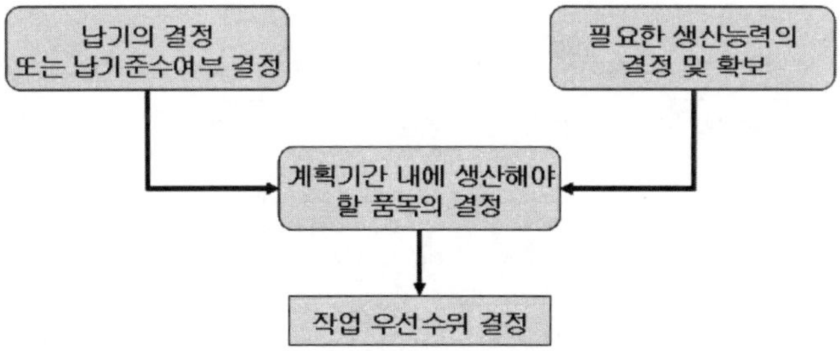

[그림 5-17] 일정계획의 범위

• 일정계획수립 과정

일반적으로 일정계획 수립방법은 주문량의 크기와 생산 활동의 성격에 따라 달라진다. 대부분의 일전계획 수립 방법은 전진일정계획과 후진일정계획으로 분류된다.

- **전진일정계획:** 전진일정계획법은 현재 시점부처 시작하여 앞으로 작업을 할당해 나가는 방법으로서 각 주문제품의 작업시간은 각 사업장에 누적 시켜 나가며, 필요에 따라서는 납기를 초과하여 할당 할 수도 있다.

전진일정계획법은 소비자가 요구하는 내용을 잘 파악할 수 없는 조립생산방식에서 주로 사용된다.

- **후진일정 계획:** 후진일정계획법은 각 주문의 납기일로부터 역으로 작업을 할당해나가는 방법으로서 각 주문제품의 작업시간은 각 작업장에 누적시켜나가며, 필요에 따라서는 납기를 초과하여 할당할 수도 있다.

  여기서 고객이 납기일을 제시하고, 이 납기일은 최종작업의 완료일이 된다. 그러므로 일정계획자는 작업이 시작하는 날짜를 찾기 위하여 완료일부터 거꾸로 계산해야 한다.

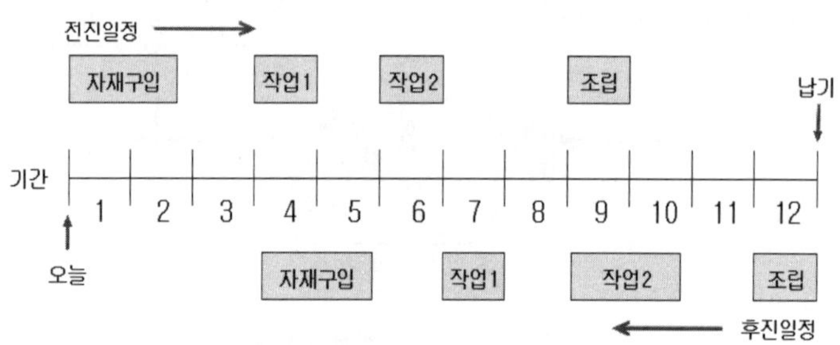

[그림 5-18] 전진일정계획과 후진일정계획

5.3.4 생산관리 ERP 활용

(1) 생산관리 주요 업무([그림 5-19] 참조)

(2) 기준정보 관리

생산시스템을 운영하기 위한 기초자료를 관리한다.

(3) 생산계획 관리

영업관리의 수주 정보를 토대로 현재의 재고 상황과 작업지시

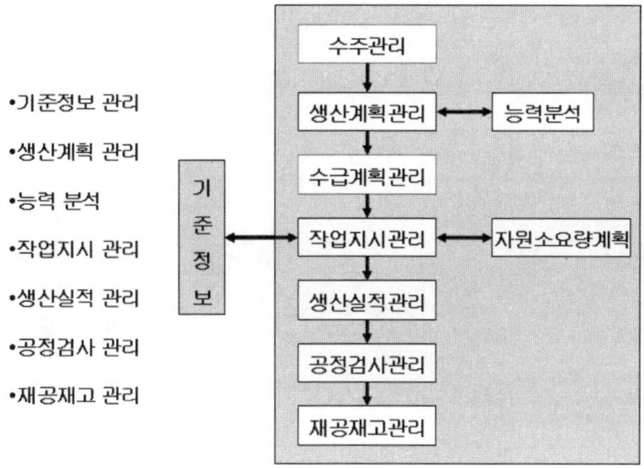

[그림 5-19] 생산관리 주요 업무 프로세스

상황을 고려하여 최적의 기준 생산계획을 수립한다.

① **기준생산계획 수립:** 생산계획 관리자는 연간 생산계획, 수주 정보 현황, 생산진행상황, 재고상황 등을 고려하여 일별 생산계획을 수립한다.

② **생산계획 일괄 생성:** 시점별 작업지시, 잔량, 외부발주 잔량을 반영하여 최대 LOT수, 최소 LOT 및 올림수, 안전재고 등을 생산계획수량으로 일괄로 생성한다.

③ **생산계획 등록:** 생산계획 담당자는 일괄 생성된 생산계획에 판매 계획을 감안하여 기간별 생산계획을 시스템에 조정, 등록한다.

④ **생산계획 현황:** 생산계획 담당자는 확정된 생산계획을 출력하여 관련 부서에 배포한다.

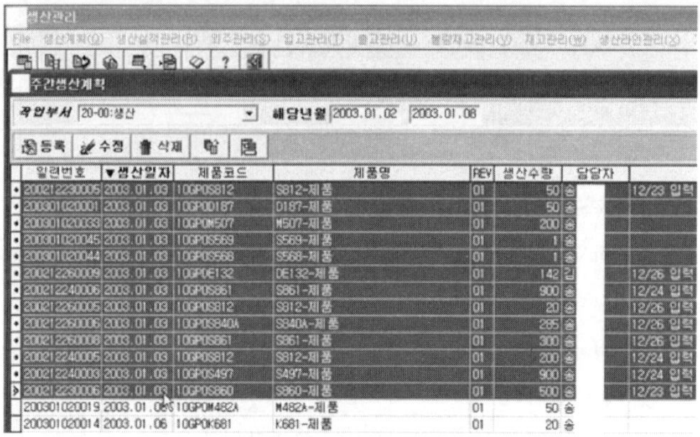

[그림 5-20] 주간생산계획 등록 화면

(4) 작업지시 관리

① **작업지시:** 생산관리 담당자는 생산계획 및 출하계획, 현재 자재와 자재수급 계획에서 생성된 지시량을 감안하여 작업지시를 한다.

② **공정전개:** 작업지시를 지정된 제조패턴의 공정단위에 할당하려 공정별 작업지시를 생성한다. 필요에 따라 전개된 공정별 작업지시를 수정한다.

③ **자원소요량 계산:** 작업지시에 근거하여 각 공정에 대한 부하를 파악하고 조정하는 기초자료를 계산하여 과부하를 조정한다.

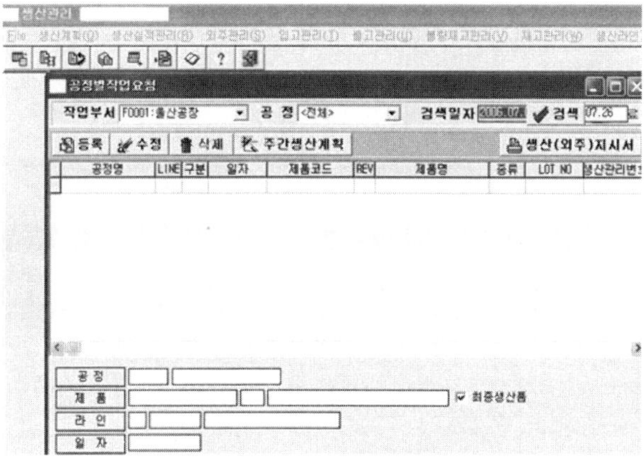

[그림 5-21] 작업요청 등록 화면

(5) 생산실적 관리

① **생산실적 등록:** 작업담당자는 작업시간 단위(공정 · 작지별)로 생산실적을 등록한다. 마지막 공정에서 공정별 실적 등록을 하면 작지별 실적 등록과 동일하게 실적 처리되고, 작지별 실적등록을 하면 각 공정별로 동일하게 실적처리가 된다. 이때 예약된 자품목이 실적 동시 출고품인 경우 모품목 작업지시의 실적 수에 비례하여 시스템상으로 출고처리가 된다. 실적 동시 출고품 이외의 자품목은 재공자재관리를 하였을 경우 해당 작업장에서 실적 수에 비례하여 사용실적이 등록됨으로써 작업장의 자재재고를 차감시킨다.

② **입고처리:** 실적 등록과 동시에 무검사품과 제품이 아닌 반제품과 재공품에 대해서는 자동 입고처리를 하고, 검사품에 대하여서는 검사대기 상태로 된다.

③ **자원소비등록:** 실적 등록 방식에 따라(착수, 완료, 실적 비례)자동으로 계산하여 자원소비 등록을 한다. 실제 등록 방

식의 자원은 각각에 대해 작업장에서 소비된 자원을 등록해야 한다.

[그림 5-22] 제품생산실적 등록 화면

(6) 공정검사 관리

① **공정검사 등록:** 검사담당자는 검사 기준에 의거하여 검사판정 등록을 실시하고, 그 결과를 생산담당자에게 통보하여 조치를 취할 수 있도록 한다.

② **불량품의 불량 창고 입고 처리:** 불량품에 대해서는 불량창고를 지정하여 입고처리한 후 차후 폐기처리를 한다.

③ **조건부 합격품에 대한 재작업 처리:** 조건부로 합격된 품목에 대해서는 재작업 지시를 내려 보정 후 입고처리를 한다.

④ **입고처리:** 검사결과 등록과 동시에 제품이 아닌 반제품과 재공품에 대해서는 자동 입고처리를 하고 제품에 대해서는 제품창고 입고 대기상태로 된다.

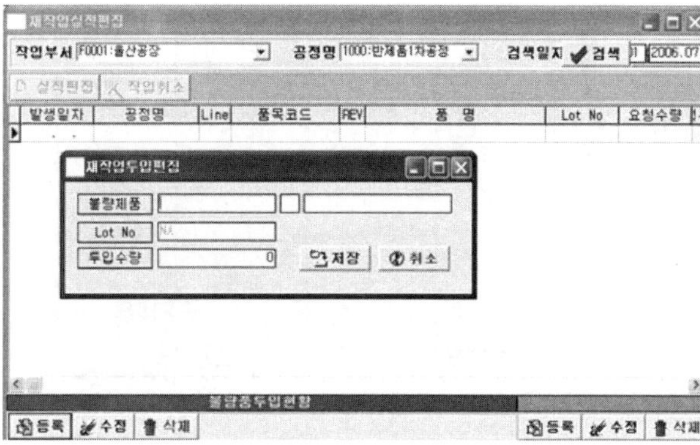

[그림 5-23] 불량품 재작업실적 등록 화면

5.4 품질관리

품질이란 제품이 사용목적을 달성하기 위해 갖추어야 할 모든 성질·형상·상태 및 조건 등 제품구성요소들의 집합을 말한다.

5.4.1 품질과 관리

(1) 품질의 분류

① **설계품질(quality of design):** 설계품질이란 소비자의 욕구를 조사하고 이를 반영시키기 위해 기업의 제조기술, 설비 등의 자원을 고려하여 경제적으로 제조 가능한 것으로 결정된 품질을 말한다. 품질을 높이기 위해서는 원가가 증가하게 되기 때문에 품질가치와 제품원가의 차가 최대가 되는 수준에서 기업이 설계하는 최적품질이 결정된다.

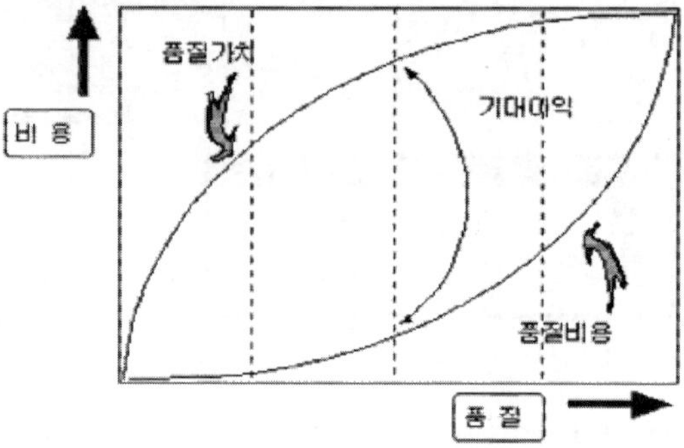

[그림 5-24] 설계품질의 경제성

② **제조품질(quality of conformance):** 제조품질이란 소비자가 제품을 실제로 제조한 결과 나타나는 제품의 품질을 말한다. 제조품질이 설계품질과 일치함이 가장 이상적인 것이지만 기술적·경제적 차이에 의해서 차이가 나기 마련이기 때문에 그 차이를 최소화 하도록 하는 품질관리가 요구된다. 제조품질이 이 설계품질과 다른 것을 불량이라고 하며, 불량이 발생하면 손실이 생기므로 불량을 철저히 관리해야 하지만 그에 따른 품질관리비의 증가가 요구되기 때문에 품질관리비와 불량손실의 합이 최소가 되는 점에서 제조품질의 수준을 결정하게 된다.([그림 5-25] 참조)

③ **사용품질(quality of use):** 사용품질이란 소비자가 제품을 실제로 사용함으로써 나타나게 되는 소비자의 평가품질을 말한다. 사용품질은 다시 설계품질에 반영된다.

사용품질을 높이기 위해서는 제품의 원가가 증가되고 그로 인해 제품의 판매가격이 높아지므로 수요가 감소하게 되므로 품질의 향상은 기업의 이익이 극대화 되도록 결정 되어야 한다.

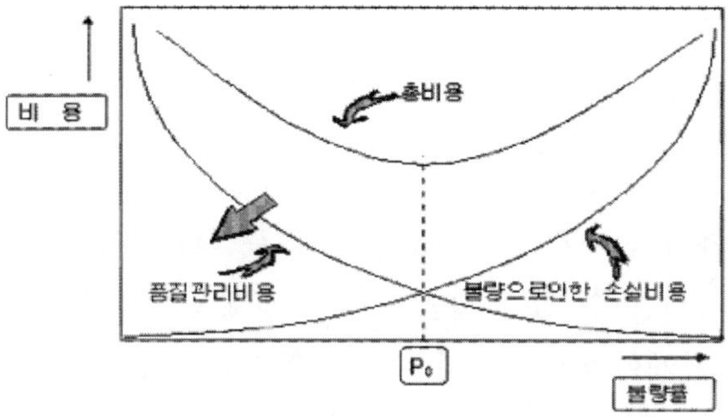

[그림 5-25] 제조품질의 경제성

(2) 품질관리의 개념

품질관리란(QC)란 고객의 요구에 알맞은 품질의 제품을 경제적으로 생산할 수 있도록 기업 내의 여러 부문이 품질을 유지 · 개선하도록 하는 관리적 활동이다. 즉, 품질표준을 설정하고, 인적 · 물적 자원을 결합하여 적합한 품질의 제품을 생산하는데 필요한 공정을 관리하며, 그 결과에 대해 검토하고 수정조치를 취하는 일련의 계속적인 순환활동을 하는 것이다.

기업에서는 이와 같은 품질관리를 실시함으로써 다음과 같은 효과를 기대할 수 있다.

- 불량품의 감소 및 품질의 향상
- 생산활동의 계획적 수행 및 생산품의 증가
- 품질불량과 그로 인해 발생하는 비용의 감소
- 기업 내 부문 간 협조의 원활화
- 종업원의 생산의욕의 증진 및 직장규율의 유지

(3) 품질관리의 발전과정

품질관리는 그 발전과정에 따라 크게 통계적 품질관리와 종합적 품질관리로 나누어 볼 수 있다.

① **통계적 품질관리(SQC):** 통계적 품질관리는 고객의 욕구를 충족시킬 수 있는 제품을 가장 경제적으로 생산할 수 있도록 통계학적인 원리와 기법을 응용하는 품질관리방식을 말한다. 품질관리의 중요한 기법으로는 관리도법, 도형기법 표본추출검사법의 세 가지가 있다.

② **종합적 품질관리(TQC):** 종합적 품질관리는 단순한 기술적 · 공학적 품질통제에 그치지 않고 조직 전체가 참여하는 기업의 사회적 또는 조직 행위적 차원에서의 품질관리를 추구하는 개념이다.

(4) 품질관리의 구분

① **신제품 관리:** 신제품에 대해 허용 가능한 제조원가, 제품이 추구하는 기능, 달성 하고자 하는 품질의 수준 등의 표준품질을 확립하고, 생산의 착수 이전에 품질상의 문제가 될 만한 요소를 발견하여 제거하기 위해 품질관리가 필요하다.

② **구입자재관리:** 제품의 설계된 품질을 달성하기 위하여 필요한 부품등의 자재에 대해 품질 수준을 유지하면서 경제적으로 구입하여 보관하고자 하는 것이 구입자재관리의 목적이다.

③ **제조관리:** 제조관리란 불량품이 생산되기 전에 표준품질과 차이가 발생될 제조공정, 기술, 절차, 설비 등의 여러 제조 항목들을 확인하고 시정하여 생산되는 제품의 품질을 유지하고자 하는 품질관리절차이다.

④ **공정관리:** 공정관리란 불량품이 발생한 공정을 조사하여 불량발생의 원인을 규명하고 품질을 개선하기 위한 활동을 하는 것이 공정관리의 목적이다.

⑤ **제품관리:** 제품관리란 생산된 제품의 전부 또는 일부를 검사하여 설계된 품질을 달성하고 있는지를 확인함으로써 시장에서 불량품이 판매되어 고객 불만을 초래하지 않도록 하는 품질관리절차이다.

5.4.2 전사적 품질경영(TQM)

(1) 전사적 품질경영의 의의

전사적 품질경영(TQM)은 최고경영자의 참여와 리더십을 기반으로 품질 지향적이고 조직 전원의 참여를 기초로 끊임없는 교육훈련과 참여의식에 의해 능력이 개발된 조직구성원이 합리적 관리방식과 품질관리기법을 활용하여 조직 내의 모든 절차를 표준화하고 지속적으로 개선함으로써 고객만족을 달성하며 궁극적으로 조직의 장기적 성공을 목표로 하는 경영혁신시스템이 할 수 있다.

전사적 품질경영에서는 전부문간의 협력 체제를 구축하는 데 중점을 둔다. 전통적인 품질관리는 생산현장에 정통한 전문가에 의한 통제 위주의 관리에 그치지만, TQM에서는 모든 종업원 및 부서가 다 같이 참여하여 불량률의 감소, 원가의 절감, 품질의 균일화, 기술혁신을 통한 생산성의 총체적 향상과 고객만족에 초점을 맞춘다.

〈표 5-8〉 QC와 TQM의 비교

구 분	품질관리(QC)	전사적 품질경영(TQM)
대 상	생산현장 제조부문 중심	기업 내 전 부문
중심업종	제조업 중심	서비스업까지 포함
목 표	제품과 생산공정의 불량률 감소, 원가절감, 품질의 균일화	생산성의 총체적 향상, 고객 만족
성 격	생산현장 중심의 전문가에 의한 관리 및 통제 위주	기업 내 전 계층 · 부문의 유기적인 협조에 의한 총체적 품질 운동

(2) 전사적 품질경영시스템

전사적 품질경영은 소비자가 만족할 수 있도록 조직전체에 걸쳐 품질의 개발 · 유지 · 개선 과정을 지속적으로 계획 · 조직 · 설계 · 통제하는 체계를 지닌다. 그 과정은 다음과 같다.

- 최고경영자의 고객만족에 대한 비전과 가치에 기초
- 비전과 가치는 전 종업원의 공동비전과 공동가치로 발전
- 품질목표달성을 위한 협력 체계가 형성
- 기업 내의 전 부문 상호 협력하여 고객이 원하는 제품특성을 확인하고 결정
- 인적 · 물적 · 기술적 요소를 적절히 결합하여 제품을 생산
- 생산된 제품의 품질을 고객의 입장에서 확인, 설정된 품질 표준과 비교하여 적합여부 판정
- 표준에 미달된 경우 원인을 분석하여 조치를 취함

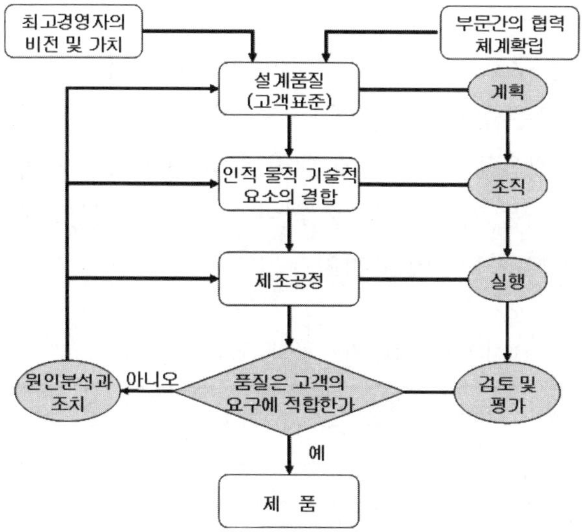

[그림 5-26] 전사적 품질경영시스템

(3) 6시그마

① **6시그마의 개념:** 시그마(σ)는 표준편차라고 불리며 분포의 에러나 미스의 발생확률을 가리키는 통계 용어이다. 따라서 6시그마란 제품의 불량 발생률이 1백만 개당 3.4회로써 이 같은 불량률은 통계적으로 볼 때 99.99966%가 합격품이라는 의미의 전사적 경영혁신 활동이다.

② **6시그마와 기존 품질관리와의 차이점:** 6시그마는 QC, TQC, TQM 등 전통적 품질관리 기법과는 큰 차이가 있다. 과거 품질 관리 기법이 대량생산 시대에 부합하는 생산자 위주의 제조중심 관리기법 이었다면, 6시그마는 모든 프로세스에 적용할 수 있는 정보화 사회에 알맞은 21세기형 경영혁신 기법이다.

6시그마는 불량이 일어날 수 있는 원인을 근본적으로 제거하는 기법으로써 프로세스 전 부문에서 오류가 발생할 수 있는 구조, 시스템 그 자체에 혁신을 실시한다. 또한, 경영의 모든 문제를 객관적이고 계량적으로 측정하여 자료화하고, 개선활동의 결과에 대한 성과 측정도 객관적인 수치로 표현하는 것을 기본으로 하여 이에 대한 다양한 통계기법을 활용한다는 점에서 차이가 있다.

〈표 5-9〉 6시그마 경영과 기존 품질경영의 비교

구 분	6시그마 경영	기존 품질경영
방침결정	상의하달	하의하달
목표설정	구체적, 정량적	추상적, 문제 중시
문제의식	잠재적 문제까지 포함	눈에 보이는 문제 중시
성공요인	감각, 경험	객관적 데이터 분석 중시
개혁대상	모든 프로세스	문제점이 발생한 곳
적용범위	전체 최적화	부분 최적화
활동기간	제약(6개월 이내)	제약 없음
담당자	전임요원 및 의무적	자발적 참여 중시
교 육	체계적, 의무적	자발적 참여 중시
평가방법	가시화된 이익으로 평가	노력을 중시

③ 6시그마 수행 5단계: 6시그마는 많은 성공사례를 통하여 그 유용성이 검증된 DMAIC라는 문제해결 절차를 가지고 있다. DMAIC 5단계의 수행절차는 정의단계, 측정단계, 분석단계, 개선단계, 관리단계 이다.

- **정의단계:** 정의단계는 무엇을 개선해야 고객과 사업에 바람직한 영향을 미치는가에 대한 개선 기회를 명확히 하고, 프로젝트팀을 결성하여 개선 목적, 목표, 일정 등을 포함하여 실행계획을 작성하는 단계이다.
- **측정단계:** 측정단계는 품질에 결정적인 요소(CTQ)의 선정,

CTQ에 대한 성능 표준의 설정, 데이터의 수집, CTQ에 대한 현재수준을 파악하는 단계이다.

- **분석단계:** 분석단계는 결함이 언제 어디에서 발생하느냐를 파악함으로써 개선의 대상을 명확히 하는 단계이다.
- **개선단계:** 개선단계는 개선방안을 찾기 위해 중지를 모으거나 가능한 해결안을 시험해봄으로써 개선방향을 실시하는 단계이다.
- **관리단계:** 관리단계는 프로세스의 문서화 및 표준화, 관리계획의 수립과 모니터링 시스템의 구축을 통해 개선된 프로세스를 유지할 수 있는가 하는 문제를 다루는 단계이다.

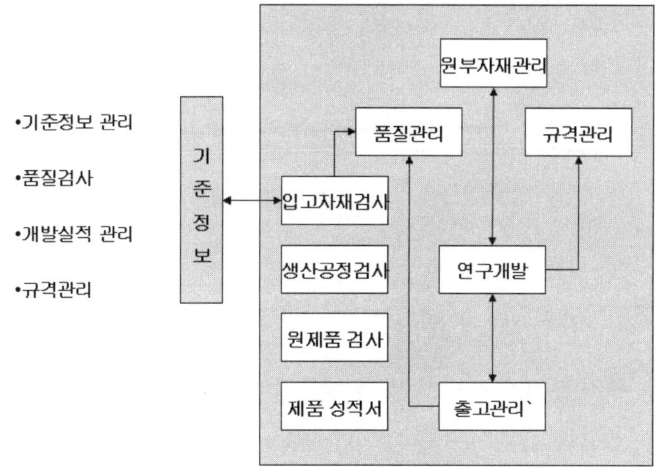

[그림 5-27] 품질관리 주요 업무 프로세스

5.4.3 품질관리 ERP 활용

① 품질관리 주요 업무([그림 5-27] 참조)

② **기준정보 관리:** 품질시스템을 운영하기 위한 기초자료를 관

리한다.

③ **품질검사:** 입고 자재, 생산중인 공정품, 완제품에 대한 품질 검사를 진행하고, 공정별/원인별 불량을 관리하고 분석한다.

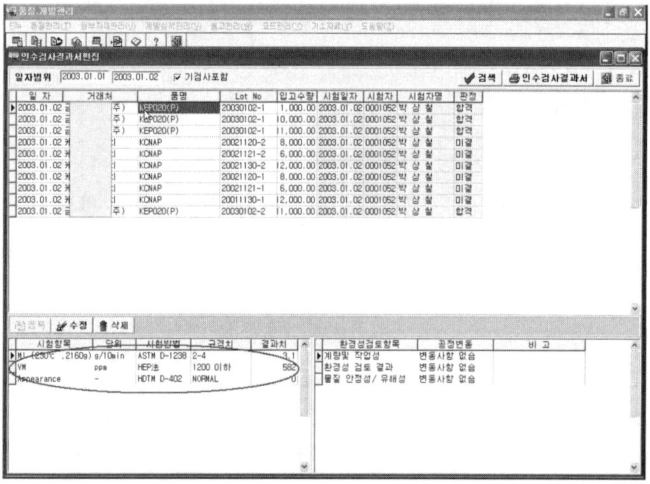

[그림 5-28] 인수검사결과서 등록 화면

④ **개발실적 관리:** 제품별 품질개선 히스토리를 추적·관리하고, 연구개발에 투입된 원자재 관리를 한다.

⑤ **규격 관리:** 원자재 및 완제품의 품질규격을 관리하고 생산공정을 관리한다. 그리고 제품 품질에 따른 소요량을 추적하여 수주부터 생산까지의 리드타임을 최소화한다.

06 CHAPTER 성공적인 ERP 구축 전략

>>>

지금까지 우리는 ERP의 개념, 준비전략, 실무에서의 활용, 확장형 ERP에 대해서 알아보았다. 이 장에서는 성공적인 ERP 구축을 위한 전략에 대해서 알아보도록 하자.

6.1 드림팀의 구성

ERP시스템 구축의 시작과 중추적인 역할을 위한 프로젝트팀의 구성은 무조건적이며, 성공적인 구축을 위해서는 다음 사항을 고려하여 프로젝트팀을 조직해야 한다.

(1) 각 분야의 최고를 모집한다.

ERP프로젝트팀은 기업의 각 분야에서 가장 우수한 사람들로 구성되어야 한다. 그만큼 중요하고 비중이 있으며 어려운 프로젝트이기 때문이다. 마치 월드컵 출전을 위해 최고의 선수들로 대표팀을 만드는 것과 유사하다. 프로젝트팀원의 수는 프로젝트 범위에 따라 달라진다. 최소한 세부 모듈별로 1명씩은 구성되어야 한다.

(2) 프로젝트팀의 운영

일의 집중도를 위해서는 풀타임이 바람직하다. 하지만 중소기업의 경우에는 20~30명의 직원을 전부 풀타임으로 배정한다는 것은 사실상 불가능하거나 매우 부담스러운 일이다. 그렇게 되면 회사의 일상적인 업무가 돌아가지 않기 때문이다. 따라서 일부 프로젝트팀원들을 파트타임으로 운영하는 경우도 있다. 일주일에 2~3일은 프로젝트팀에서 일하고 나머지는 현업에서 일하는 것이다. 하지만 파트타임이라고 하더라도 인사고과의 일부는 프로젝트팀에서 갖고 있는 것이 바람직하다. 그렇지 않다면 프로젝트팀원들은 소속 부서의 눈치만을 볼 수밖에 없다. 그렇게 된다면 프로젝트를 제대로 진행 할 수 없게 된다.

(3) 프로젝트팀에 필요한 능력

ERP프로젝트팀 구성에 있어서 가장 많은 질문이 컴퓨터 능력이 어느 정도 중요하느냐는 것이다. 컴퓨터 능력이 있으면 좋겠지만 컴퓨터 능력이 그리 중요한 것은 아니다. 소속되었던 부서에 대한 경험과 지식이 무엇보다도 중요하고 그 다음에 필요하다면 타인에게 자신의 의견을 명확하게 지시하고 설득하는 논리적인 의사소통 능력이 중요하다.

(4) 대체를 위한 충분한 인원 투입

팀원들은 시스템 가동 이후 컨설팅사나 ERP를 도입하려는 다른 회사의 스카우트 대상이 될 가능성이 매우 높다. 회사에서 가장 우수한 능력을 갖고 있으며 ERP교육과 프로젝트 경험을 갖고 있기 때문이다. 프로젝트팀원의 지식과 경험을 인수인계 받는 것은 매우 오랜 기간이 소요되기 때문에 시스템 가동 이 후 팀원이 회사를 떠나게 되면 떠나는 팀원을 그대로 대체하는 것이 거의 불가능에 가깝다. 따라서 팀원들이 회사를 떠날 가능성을 고려하여 충분한 인원을 프로젝트팀에 배치하는 것이 바람직하다.

(5) 프로젝트 매니저(PM)의 역할

프로젝트 매니저는 프로젝트를 실무적으로 책임지는 사람이다. 프로젝트 매니저는 프로젝트가 제대로 진행되지 않을 경우에는 즉시 그에 대한 대책을 강구해서 제대로 진행되도록 해야 한다. 그리고 프로젝트와 관련된 이슈들에 대한 결정 권한과 집행에 대한 권한이 있는 것이 바람직하다. 프로젝트의 복잡성이나 크기에 따라 프로젝트 매니저를 보조하는 어시스턴트 매니저를 두기도 한다.

프로젝트 매니저는 ERP패키지나 컴퓨터 기술 분야에 대한 지식보다는 회사가 속한 산업에 대한 지식과 프로젝트 관리 및 비즈니스 컨설팅에 대한 경험을 더 필요로 한다.

6.2 ERP 구축의 성공요인

ERP시스템 도입을 성공적으로 수행하기 위해서는 기업의 업무혁신과 통합이 이루어져야 한다. 목적 없이 단지 업무에 필요한 전산시스템이라고 생각한다면 낭비일 것이다. ERP의 구축이 프로젝트팀만의 일이 아니다. ERP시스템의 구축 중심에 프로젝트팀이 있고, ERP시스템의 궁극적인 사용자인 조직 구성원 모두의 참여로 이루어져야 한다. 따라서 ERP시스템의 성공적인 도입을 위해서는 다음과 같이 진행되어야 한다.

(1) ERP 추진 목표와 기업의 욕구를 명확히 해야 한다.

기업이 구체적 목표가 없으면 결과를 기대할 수 없다. ERP시스템을 도입하면 자동적으로 기업의 능률이 오르고 원가가 절감되는 것이 아니라는 것을 명심하여야 한다. 따라서 ERP를 도입하여 기업의 업무를 좀 더 효율적으로 개선하기 위해서는 기업의 욕구를 파악하고 이를 ERP에 적용을 통하여 문제를 분석하여야 한다.

(2) 최고 경영자의 참여와 지원이 있어야 한다.

ERP시스템은 도입하는 과정에서 기업의 업무 변화가 필요하므로 최고 경영자가 결정을 내려야 하는데 이때 ERP를 통한 조직 문화 개편의 의지가 없다면 ERP는 실패하기 십상이다. 따라서 최

고경영자나 위임 받은 고위 경영층이 확고한 의지를 가지고 ERP 구축과정에 깊이 관여하여 명확한 방침을 전달할 수 있어야 한다.

외부의 컨설턴트들이 아무리 교육하고 설득하더라도 진정으로 직원들이 변하지 않으면 프로젝트가 실패할 확률이 높아진다. ERP 도입 결정과정에서 주도적인 역할을 했듯이 구축과정에서도 최고경영자가 확고한 실행의지를 가지고 스스로 새로운 시스템을 이해하려고 노력하고 전사원이 적극 참여할 수 있도록 독려해야 한다.

(3) 자사에 맞는 패키지를 선정해야 한다.

한때는 맞춤복격인 개발시스템이 주류를 이루었다. 그러나 현재는 시스템이 많이 발달하여 기성복 격인 패키지시스템이 비용면에서나 통합성 면에서 유리하다.

기업에서는 우선 도입목적 및 범위를 명확히 설정하고 현재의 업무상황(AS-IS파악)을 통해 요구사항을 바탕으로 패키지를 신중하게 선택해야 한다. 기능적인 측면에서는 자사가 중점을 두고 지향하는 방향(TO-BE 프로세스)에 맞는 패키지를 선택하면 된다.

의약품 기업 I사

주요업무	문제점
영업관리	수요예측의 부정확
재고관리	정확한 수량입력이 안됨
구매관리	재고파악이 어려워 수급차질 초래
회계관리	현금 및 각종 자금관련 수지만관리
생산관리	정확하지 않은 생산원가 자료

[그림 6-1] 현행업무 분석과 패키지 선택

(4) 변화관리 차원에서 추진되어야 한다.

변화관리란 기업의 중대한 변화를 기업 성과가 향상되는 방향으로 관리 하는 것이다. ERP구축은 기업의 중대한 변화이며 회사의 모든 업무는 물론, 조직원의 감정까지 고려해야 하는 어려운 작업이다. 따라서 ERP 시스템을 구축해 나가는 과정에서는 어떠한 프로젝트보다도 많은 변혁이 요구된다.

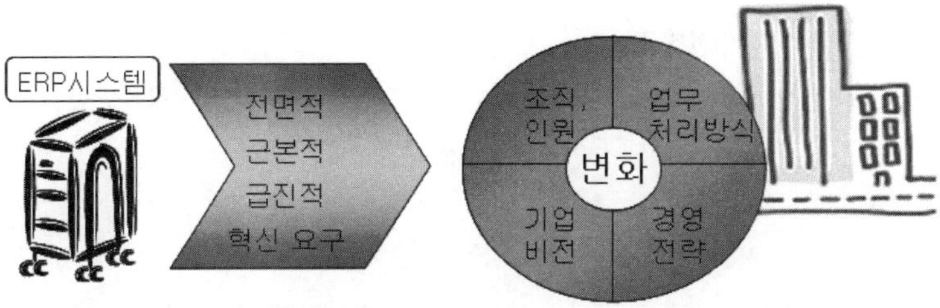

[그림 6-2] ERP 도입에 의한 변화

변화가 클수록 변화의 직접적 영향을 받는 이해 관계자들은 과민 반응을 보이게 된다. 혁신적 변화에 대해 자신의 기득권을 사수하려는 의지가 더욱 강해지고 그만큼 ERP 시스템도입에 대한 저항이 커지기 때문에 이를 설득하고 극복해 나가는 변화관리가 매우 중요한 과제로 떠오른다. 변화관리는 변화에 연루된 이해 관계자들을 잘 설득하고 이해를 시켜서 프로젝트를 성공적으로 수행해 나가는 기법이다. [그림 6-3]에는 기업이 변화를 추진할 때 고려해야 할 8가지를 단계별로 정리해 놓았다.

제 1단계	긴박감조성 • 시장 및 경쟁상황을 조사한다. • 위기, 잠재적 위기, 주요 기회 등을 인식하고 토론한다.
제 2단계	강력한 변화 추진구심체 구축 • 변화노력을 이끌기에 충분한 힘을 가진 집단을 구성한다. • 그 집단이 하나의 팀으로 협동 작업할 수 있도록 격려한다.

⇩

제 3단계	비전창조 • 변화 노력을 이끄는 데 도움이 되는 비전을 창조한다. • 비전 달성을 위한 전략을 개발한다.

제 4단계	비전전달 • 새로운 비전과 전략을 전달하기 위해 가능한 모든 수단을 사용한다. • 변화 추구심체의 예증을 통해 새로운 행동을 교육한다.

제 5단계	구성원이 비전에 따라 행동하도록 권한부여 • 변화에 대한 장애물을 제거한다. • 비전에 악영향을 미치는 시스템이나 구조를 변경한다. • 위험 감수 행동, 틀에서 벗어난 아이디어, 활동, 행동 등을 격려한다.

제 6단계	단기적 성과를 위한 계획수립 및 실현 • 가시적인 성과 향상을 위한 계획을 수립한다. • 성과 향상을 실현한다. • 성과 향상에 참여한 종업원들을 인정하고 보상한다.

제 7단계	달성된 성과 향상의 통합과 후속 변화의 창출 • 증진된 신뢰를 이용해서 비전에 맞지 않는 시스템, 구조, 정책을 변경하다 • 비전을 수행 할 수 있는 인력을 고용, 승진, 개발 한다. • 새로운 프로젝트, 주제, 변화의 동인을 이용, 변화 프로세스를 재활성화 한다.

제 8단계	새로운 접근 방법의 제도화 • 기업의 성공과 새로운 행동 간의 연관성을 명문화 한다. • 리더십의 개발과 그 계승을 확실히 하는 수단을 개발한다.

[그림 6-3] 기업개혁 8단계

각 단계는 생략할 수 없으며, 어느 한 단계에서라도 결정적 실수를 범하면 치명적인 영향을 미쳐 추진력이 저하되므로 치밀하게 준비 되어야 한다. 특히, ERP는 많은 사람들이 여러 모듈을 동시에 추진되는 것이기에 더 신중해야 한다.

(5) 데이터의 정확도 유지를 보증해야 한다.

아무리 ERP가 잘 설계되어 있고 선진 프로세스가 내장되어 있다고 해도 기업의 경영상태 및 자원 등에 관한 기본 자료가 정확하지 못하다면 GIGO[8)] 현상을 면하기 힘들 것이다. 잘못된 자료

8) GIGO(Garbage In Garbage Out) : 쓰레기 자료가 들어가면 쓰레기 정보가 나온다. 즉, 정확한 데이터가 입력되지 않으면 전혀 다른 정보가 나온다.

가 입력되면 아무리 훌륭한 정보시스템이라 해도 양질의 정보를 산출할 수는 없는 것이다. 자료의 정확성을 유지하기 위한 노력은 아무리 강조해도 지나치지 않다.

ERP의 핵심계획인 MRP(자재소요계획)의 흐름을 통해 데이터의 중요성에 대해 알아보겠다.

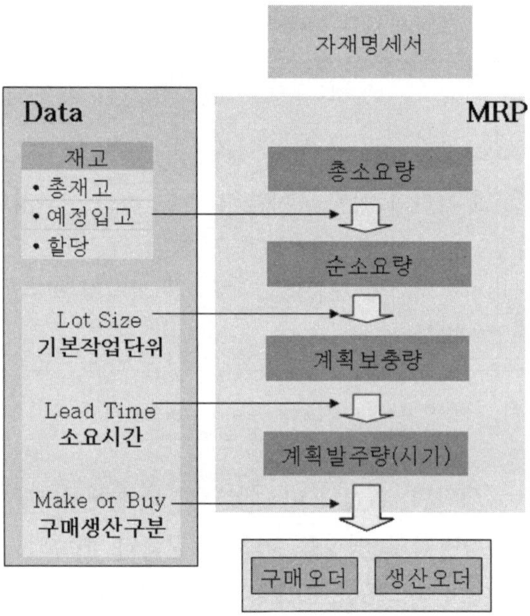

[그림 6-4] MRP프로세서

자재소요량은 상위품목을 만들기 위해 필요한 부품량에 상위품목의 생산계획을 곱한 총 소요량을 만드는데서 시작하여 순소요량, 계획보충량, 그리고 마지막으로 실제 주문시기와 양을 산출하여 오더를 내리기 까지 단계마다 많은 계산이 이루어진다. 계산을 위해서는 많은 데이터가 필요하다는 것을 알 수 있다. 필요량을 예측하려면 예측의 오류를 감안한 안전재고가 필요하지만, 계

산을 제대로 한다면 안전재고 없이도 목표로 하는 고객 만족을 달성할 수 있다. 데이터가 정확하면 정확한 계산이 되지만, 반대로 데이터가 정확하지 않으면 꼭 그만큼씩 틀린 계산이 나온다는 결론이다. 그래서 ERP를 정확히 사용할 수 있으려면 무엇을 만들고자 하는가에 대한 제품구성정보, 어떻게 만들 것인가 하는 라우팅 정보, 얼마만큼 만들 것인가 하는 기준생산계획, 그리고 재고 데이터의 정확도를 보증해 주어야 한다. 계획을 만들고, 계획 대비 실적을 비교하면서 대책을 만들어가는 것이 ERP이다.

(6) 구성원 모두가 강한 주인의식을 가져야 한다.

ERP 도입의 성공은 내가 꼭 이루겠다는 조직원 모두의 강력한 의지가 필요하며, 자발적인 업무 참여와 솔선수범과 책임감이 있어야 한다.

(7) 시스템을 회사의법으로 명문화하고 지속적으로 발전 시켜야 한다.

시스템은 기업이 일하는 방식을 컴퓨터로 프로그램화해 놓은 것이다. 기업이 이를 이용해서 일을 하자고 결정했으면 회사의 법이 되는 것이다. 먼저 ERP를 사용하는 것을 회사 업무기준에 명문화 할 수 있어야한다. 그리고 세부 절차를 만들고 법을 지키지 않는 조직원은 문책할 수 있어야한다. 대부분 일의 중심에 있는 직원들이 새로운 시스템인 ERP를 사용하지 않으려 한다. ERP는 평등을 추구하는 시스템이어서 불편하고, 비정규 시스템은 기득권을 인정하는 시스템이어서 편하기 때문이다. 그러나 성공하는 많은 기업들은 ERP를 사용할 수 있도록 조직을 변화시키기 위해 노력한다. 즉, 기업의 조직과 일하는 방식이 ERP를 사용할 수 있는 수준이 되도록 만드는 것이 더 중요하다는 것이다. 그러한 수준이 되기 위해서는 ERP시스템에 대한 만족도나 활용도, 사용자의 수준을 점검하여 발전방안을 수립하고 실행에 옮겨야 한다. 그리고 정기적인 ERP시스템의 문제점을 도출하고, 개선방안을 제시하도록 하는 것이다. 문제점을 발견하여 개선이 이루어질 수 있고 차기 시스템 개발 프로젝트의 교훈으로 삼을 수 있다.

6.3 중소기업 정보화 확산과 ERP 전망

6.3.1 중소기업 정보화 현황과 과제

정부의 중소기업 ERP구축 지원 사업이 시작된 2001년도와 2002년도 1년간 중소기업 정보화 실태를 살펴보고 ERP 도입의 예고와 과제에 대해 알아보자.

(1) 중소기업 정보화 도입 조사

2002년 4월 중소기업정보화경영원은 중소기업청의 의뢰로 '중소기업 정보화 수준 평가'라는 조사를 실시하였다. 조사 대상으로는 종업원 수 5인 이상 중소제조업체 1,503개사와 종업원 수 300인 이상 대기업 제조업체 37개사로 총 1,540개사가 선정되었다.

① 정보화 수준평가

이 조사에 따르면, 중소기업의 정보화 수준은 평균 48.6점으로 전년도 47.8점보다 다소 향상된 점수를 나타냈다. 이러한 결과는 중소기업이 업무효과가 가시화되는 '업무효율화 단계'에 위치하게 된 것으로 해석할 수 있다.

〈표 6-1〉 분야별 정보화 수준 평가

구 분	분야별 점수				
	추진 의지	추진 환경	추진시스템 현황	활용수준	평 균
2002	54.8	37.09	56.72	43.87	48.6
2001	52.42	36.28	56.58	43.54	47.8
상승폭	2.38 ↑	0.81 ↑	0.14 ↑	0.33 ↑	0.8 ↑

주: 각 분야별 점수를 100점으로 환산한 점수임

<표 6-1>과 같이 분야별 정보화 점수가 전반적으로 상승한 것으로 보아 우리나라 중소기업의 정보화 수준이 1년여에 걸쳐 전반적으로 고르게 향상된 것을 알 수 있다.

조사대상 중소기업체 중 정보화 수준이 60점 미만인 업체가 73.4%, 40점 미만인 업체는 31%를 차지하였으며, 정보화 수준이 평균(48.6점)에 해당하는 중소기업은 대체적으로 정보화 추진의지가 높고, 시스템은 어느 정도 갖추고 있으나, 조직 및 인력, 정보화 투자 등을 포함한 기초적 환경은 열악한 것으로 나

타났다.

② 권역별 정보화 수준 분포

지역별 중소기업의 정보화 수준은 <표 6-2>와 같이 전국이 비교적 비슷한 수준(40점 전후반)으로 지역 간 격차는 그리 크지 않았다. 권역별 정보화 수준은 전년도와 비교해서 전반적으로 향상된 것으로 나타났으며, 특히 충청권의 도약이 가장 두드러졌고, 호남권은 지난해 보다 오히려 정보화 수준이 떨어진 것으로 조사됐다.

〈표 6-2〉 권역별 정보화 수준 평가

구 분	수도권	영남권	충청권	호남권	기 타
2002	48.5	49.4	49.1	47.9	40.6
2001	48.0	48.6	47.6	48.4	41.5
상승폭	0.5↑	0.8 ↑	1.5 ↑	0.5 ↑	0.9 ↑

주: 각 분야별 점수를 100점으로 환산한 점수임

③ 기정보화 추진의지 수준

중소기업은 정보화 도입·확대 필요성에 대한 인식은 매우 높은 반면, 정보화 추진을 위한 전략 수립, 정보화 투자분석 및 정보화 교육에 대한 관심과 투자가 미흡한 실정이다.

〈표 6-3〉 정보화 추진계획 수립

구 분	있음	현재 수립 중	수립 예정	계획 없음	계
2002	22.4	25.0	40.9	11.7	100.0
2001	15.7	29.1	43.8	11.4	100.0

주: 단위(%)

<표 6-3>에서와 같이 조사대상의 87.5%가 정보화 도입 및 확대의 필요성은 공감하고 있으나, 세부추진계획이 마련된 중소기업은 22.4%에 불과한 것으로 나타났다. 그러나 전년도에 비해 정보화 추진계획을 가지고 있는 중소기업의 비중이 꾸준히 높아지고 있고, 현재 수립 중, 향후 수립예정인 기업도 상당수 있는 것으로 조사돼 전망은 밝을 것으로 예상된다.

④ 향후 정보화 추진분야

향후 중소기업이 정보화를 추진하고자 하는 주요 분야를 조사한 결과 <표 6-4>와 같이 중소기업은 정보화 추진에 있어서 영업·판매·회계·생산·재고관리 등 단위업무정보화를 1차적인 목표로 하고 있으며, 통합업무 부문에서는 ERP가 가장 많은 것으로 나타났다.

〈표 6-4〉 향후 정보화 추진 분야

사무 자동화	영업 판매	급여 회계	원가 계산	생산 관리	재고 관리	설계기술 관리	ERP	기업간 네트워크
53.2	57.5	57.5	51.2	55.6	54.0	27.5	45.3	23.1

주: 단위(%)

⑤ 정보화 추진환경 수준

정보화 추진환경 분야에서는 정보화 추진조직의 미비 및 인력부족과 정보화 투자부족 등 전반적으로 저조한 결과가 나옴으로써 중소기업의 정보화 추진에 있어 가장 취약한 분야로 나타났다.

〈표 6-5〉 정보화 전담조직 편성현황

구 분	전담조직	타부서 직원 겸직	아웃소싱	계
2002	33.8	55.3	12.8	100.0
2001	27.5	11.1	12.7	100.0

주: 단위(%)

⑥ 정보화 활용수준

정보시스템 활용은 <표 6-6>과 같이 경영자에 비해 일반직원의 활용도가 높게 나타났으며, 활용에 있어서는 아직까지는 개인위주의 단순 업무처리에 국한되어 있었다. 따라서 기업업무의 효과가 가시화되는 것은 이제 시작 단계에 불과하다고 해석할 수 있다.

〈표 6-6〉 정보시스템의 활용도

구 분		전적 활용	많이 활용	보통 수준	약간 활용	활용 안함	계
경영자	2002	13.8	32.4	29.6	14.8	9.3	100.0
	2001	9.7	24.4	31.8	19.2	14.8	100.0
직원	2002	21.2	42.9	27.2	6.2	2.5	100.0
	2001	14.1	37.0	32.6	10.7	5.6	100.0

⑦ 정보화 추진시스템 현황

전반적인 정보화시스템 구축은 양호한 편이나 대부분 PC보유 수준이며, 회계인사, 사무자동화, 영업판매 등의 단위업무위주로 활용되고 있는 것으로 나타났다. 따라서 양적인 정보화의 진전은 어느 정도 이루어지고 있다고 볼 수 있으나, 질적인 수준에서의 정보화는 아직 초기단계에 불과하다.

〈표 6-7〉 정보시스템 보유 현황

구 분	정보시스템 항목	정보시스템 현황	
		필요	보유/운영
관리부문	사무자동화	67.8	55.4
	영업판매	64.3	44.6
	인사회계	69.1	55.3
	구매자재	63.7	42.1
설계/생산 부문	원가분석	51.0	21.4
	설계(CAD)	39.7	31.1
	NC 프로그램(CAM)	21.2	12.4
통합 부문	그룹웨어	24.7	10.8
	경영정보시스템	30.1	11.8
	전사적 자원관리(ERP)	43.9	22.4
	전자상거래(EC)	23.1	7.9
	CALS/EDI	13.4	5.0
	컴퓨터 통합 생산(CIM)	21.8	5.9
	판매시점정보관리(POS)	13.6	3.7
	전자주문시스템(EOS)	18.3	6.1
	공급망관리(SCM)	16.2	4.6
	고객관계관리(CRM)	23.4	7.8

주: 단위(%)

⑧ 정보화 활용수준

정보시스템 활용은 <표 6-8>과 같이 경영자에 비해 일반직원의 활용도가 높게 나타났으며, 활용에 있어서는 아직까지는 개인위주의 단순 업무처리에 국한되어 있었다. 따라서 개인 업무시간의 단축 등의 효과는 높으나 기업업무의 효과가 가시화되는 것은 이제 시작 단계에 불과하다고 해석할 수 있다. 또한 PC활용수준은 높으나 사내 네트워크 활용은 아직 초기 단계이며 기업 간 네트워크 활용 수준도 극히 미미한 수준으로 나타났다.

〈표 6-8〉 정보시스템의 활용도

구 분		전적 활용	많이 활용	보통 수준	약간 활용	활용 안함	계
경영자	2002	13.8	32.4	29.6	14.8	9.3	100.0
	2001	9.7	24.4	31.8	19.2	14.8	100.0
직원	2002	21.2	42.9	27.2	6.2	2.5	100.0
	2001	14.1	37.0	32.6	10.7	5.6	100.0

(2) 중소기업 정보화 과제

정보기술의 중요성은 기업규모 및 업종을 막론하고 확산되고 있으며 정부의 중소기업 정보화지원정책에 힘입어 정보화에 대한 활기를 띠고 있다. 그러나 중소기업은 경영의 영세성, 자금의 취약성, 기술의 낙후성 등으로 인하여 그 한계점을 느끼고 있다. 중소기업의 정보화 문제점들은 다음과 같다.

① **정보화 투자에 필요한 자금의 부족:** 중소기업은 사회적 신용도가 낮아 자금조달에 상대적인 취약성을 가지고 있어 기본적인 운전자금도 부족한 실정이다. 따라서 정보화 추진은 막대한 자금이 소요된다는 측면에서 어려움을 가지고 있다. 중소기업청의 중소기업 정보화 수준 평가에 대한 조사 자료에서 정보화 촉진을 위한 대정부 건의 사항 중 36.3%로 소요자금 대 출 및 자금지원이 가장 높게 나타나 중소기업의 자금부족이 정보화 추진에 있어서 가장 큰 걸림돌이 되고 있음을 보여주고 있다.

② **정보화 전문 인력 및 기술/노하우:** 최근 중소기업의 정보시스템 구축활동이 비교적 원활하게 이루어지고 있는 편이나 아직도 대부분이 PC보유 수준에 그치고 있으며 이를 사용하고 있는 직원들도 전문지식을 가지고 있다기보다는 간단

한 작업을 처리하는 데 그치고 있다. 또한 기술 및 노하우를 지닌 전문 인력을 필요로 한다 해도 앞서 언급한 자금부족 문제로 장기간 교육훈련이 필요한 전문가 양성에 투자하기란 쉬운 일이 아니다.

③ **정보화에 대한 최고경영진의 인식 부족:** 중소기업의 정보화수준 평가 조사에 따르면 최고경영자의 정보화에 대한 인식이 72.9%로 높게 나타나고 있다. 이 수치는 일반직원이 느끼는 정보화 인식(65.6%)보다도 높게 나타난 것이다. 경영자의 높은 인식에도 불구하고 정보화 투자 및 주친의지는 상대적으로 낮아 정보화 추진에 저해요인으로 작용하고 있다. 이런 현상은 경영자들이 정보화를 단순히 컴퓨터 도입 및 설치 정도로 생각하고 있다는 데 문제가 있다. 정보화실현은 업무특성에 적합한 소프트웨어의 도입과 적극적인 참여활동이 뒷받침 되어야 가능하다는 사실을 깨달을 때 비로소 정보화의 마인드가 정립될 수 있을 것이다.

④ **정보화를 위한 사내조직 정비의 미흡:** 우리나라 중소기업은 정보화를 위한 전담부서들 두고 있는 업체는 소수이며 대부분 타부서 직원이 겸직하고 있는 실정이다. 또한 대부분의 중소기업이 기존의 업무방식을 개선하지 않고 전산화를 추진함으로써 단순히 업무의 자동화 수준에 머물러 진정한 의미의 정보화를 이루지 못하고 있는 실정이다. 성공적인 정보화 추진을 위해서는 기업의 업무방식 및 사내조직을 재정비해야 할 것이다.

⑤ **정보화 실천전략의 미비:** 대부분의 중소기업들은 정보화 추진이라는 목표아래 장기적인 안목으로 전략을 수립하고 실

천하기보다는 당면문제 해결에 급급해 정보화 활동이 전산화에 그치는 경우가 많으며 구체적인 정보화의 방법이나 범위를 수립하지 않은 채 정보기기를 도입함으로써 중복투자 내지는 기존의 시스템을 폐기하는 등 기업자원을 낭비하고 있다. 따라서 장기적인 안목으로 정보화 목표를 수립하는 경영시각을 가져야 할 것이다.

6.3.2 정보기술과 기업경영

컴퓨터가 도입된 이래 기업환경은 정보기술 활용으로 인한 많은 변화가 있어왔다. 과거에는 상상조차 할 수 없었던 가히 혁명적인 것이라 할 수 있다. 지난 50년 동안 기업의 정보기술 발전단계와 현재 ERP 중심의 정보기술 최근동향에 대해 살펴보도록 한다.

(1) 기업의 정보기술 발전 단계

① 1단계: 단순자료 처리 중심(1950년대 중반)

기업이 컴퓨터를 활용하기 시작한 초기에는 그 응용분야가 크게 제한되어 주로 다량의 회계자료를 신속하게 그리고 정확히 처리하는 데 중점을 두었다. 이는 당시의 컴퓨터 능력의 한계에도 이유가 있었지만, 막대한 컴퓨터 비용을 정당화시키기 위해서는 무엇보다도 고용인력 감소를 통한 조직운영 비용의 절감이 시급하였기 때문이다. 이 시기는 단순자료처리(EDPS) 중심단계로 구분할 수 있다.

② 2단계: 경영정보 제공의 필요성 제기(1960년대 중반)

이 시기에는 컴퓨터를 단순 자료 처리 이외에 조직의 관리 및 의사결정을 지원하기 위한 정보를 제공하는 수단으로 활용할 수 있다는 인식이 널리 확산되기 시작하였다. 그리고 이와 같은 목적으로 구축된 시스템을 경영정보시스템(MIS)이라고 지칭하게 되었다.

③ 3단계 : 의사결정지원의 중요성 부각(1970년대 초반)

1970년대 초 미리 정형화된 정보의 제공에 중점을 두는 기존 경영정보시스템 개념만으로는 기업성과에 직접적인 영향을 미치는 경영자의 의사결정, 특히, 비정형적인 특성을 갖는 의사결정에 실질적인 기여를 할 수 없다는 의견이 제시되었다. 모든 경영자들에 대한 정보의 지원은 그가 처하게 되는 문제와 관련된 의사결정에 중점을 두어야 하며, 정보시스템 또한 각 문제 상황에 맞도록 개별적으로 설계해야 한다는 것이다. 그리고 이러한 목적을 당성하기 위한 정보시스템을 의사결정지원시스템

(DSS)이라고 부르게 되었다.

④ 4단계 : 사무자동화 · 통신기술의 보급 확대(1980년대 초반)

PC가 급속히 발전 · 보급되고 정보 통신기술이 크게 향상되기 시작한 1980년대에 들어서자 사무자동화(OA)와 정보통신에 대한 관심이 고조되기 시작하였다. 문서편집으로부터 출발하여 근거리통신망(LAN), 전자우편, 화상회의와 같은 새로운 정보통신 기술을 활용함으로써 사무업무의 생산선이 획기적으로 높아지게 되었다.

⑤ 5단계 : 인공지능의 활용가능성 인식(1980년대 중반)

1980년 중반에는 오래 전부터 연구되어 온 인공지능(AI)[9]의 한 분야로 개발된 전문가시스템 개념이 경영분야에 활용되기 시작하였다. 이는 결국 조직의 각 부문에서 전문가와 같은 수준의 지식을 보유한 전문가시스템의 개발·활용이 가능하다는 것을 의미한다. 이와 같은 인식을 바탕으로 그 동안 많은 기업에서 전문가시스템을 도입하였으나 아직은 그 활용범위가 크게 제한되어 있다. 따라서 이 분야는 앞으로의 발전 잠재력이 매우 풍부한 것으로 보아야 할 것이다.

⑥ 6단계 : 정보기술의 전략적 가치 활용(1980년대 후반)

1980년대 말에 들어서서는 정보기술이 단순히 기업운영의 효율성 증대를 위한 수단이 아니라 시장에서의 경쟁우위를 확보하기 위한 기업의 전략적 무기라는 인식이 자리 잡게 되었다.

---

9) 인공지능(Artificial Intelligence : AI): 컴퓨터로 하여금 마치 사람과 같은 논리적 추론을 할 수 있도록 하는 프로그램

더욱이 1990년대 들어 많은 기업이 BPR과 같이 정보기술의 활용을 기반으로 하는 경영혁신기법들을 채택하기 시작하면서 정보기술의 전략적 가치에 대한 인식은 더욱 확산되고 있다.

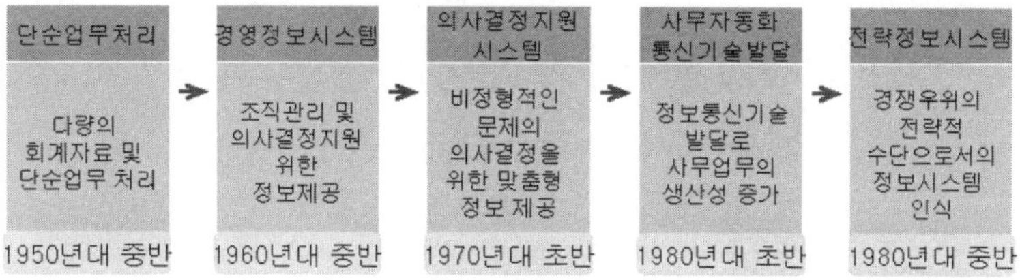

[그림 6-5] 기업의 정보기술 발전 단계

(2) ERP 중심의 정보기술 최근동향

최근 기업의 정보기술 활용경향은 앞에서 살펴본 정보기술 활용단계에서 각각 추구하고자 했던 목적들을 모두 포괄 할 수 있는 개념으로 확장되고 있다. 오늘날 기업의 정보기술 활용에 있어서 가장 부각되고 있는 이슈는 크게 ERP와 지식관리시스템(KMS), 그리고 CALS(Commerce At Light Speed) 및 전자상거래(EC) 체제의 국축이라는 세 가지로 요약할 수 있다.

① ERP시스템

기업 활동을 위해 쓰여 지고 있는 기업 내의 모든 인적, 물적 자원을 효율적으로 관리하여 궁극적으로 기업의 경쟁력을 강화시키기 위한 통합정보시스템이다. 이러한 ERP시스템은 정보기술 발전 단계 중 1단계 및 2단계에서 강조되고 있으며 BPR과 같은 경영혁신 기법에 부합되는 것이라 할 수 있다.

② **지식관리 시스템**(Knowledge Management System: KMS)

조직 내의 인적자원들이 축적하고 있는 개별적인 지식을 체계화하여 공유함으로써 기업 전체의 경쟁력을 향상시키기 위한 기업정보 시스템이다. KMS는 제3단계와 마찬가지로 비정형적인 경영자의 의사결정을 지원하는 하는 것을 주 관심사로 하고 있다.

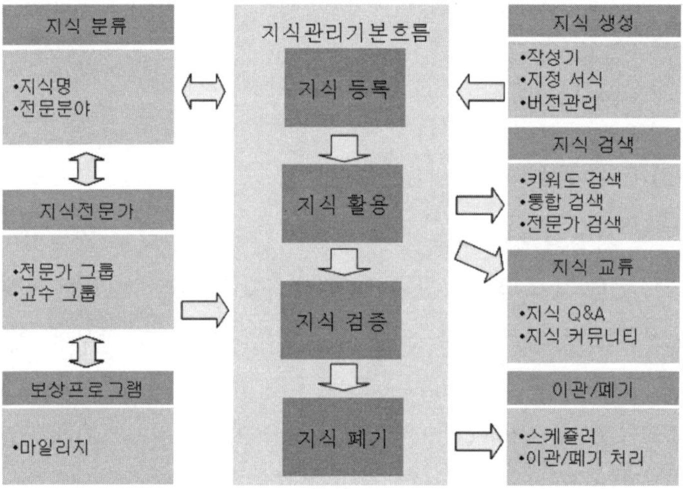

[그림 6-6] KMS 기본 흐름

③ CALS(Commerce At Light Speed)/**전자상거래**(EC)

CALS는 제조업체와 협력업체 등 관련 기업들이 정보를 공유하며 경영에 활용하는 기업 간 정보시스템이며, 전자상거래(EC)는 인터넷이나 PC통신을 이용해 상품을 사고파는 행위 이다. 이것은 제4단계에서 중점을 주었던 정보통신기술을 활용하여 기업 간 또는 기업과 고객 간의 거래를 디지털화하기 위한 방안이다.

이를 토대로 볼 때 최근 경향은 기업 내·외의 전사적 통합이라 할 수 있다. ERP시스템을 통해 기업 내의 인적, 물적 자원을 효율적·전사적으로 통합함은 물론 웹(Web) 기술을 이용하여 기업 외의 자원을 통합함으로써 이 시스템 전체의 목적을 달성하려는 움직임을 보이고 있다. 오늘날 조직혁신을 통한 업무의 효율화를 위해 조직은 ERP시스템을 주목하고 있으며 이에 더 나아가 확장 ERP로 그 범위를 넓혀가고 있는 추세이다. ERP시스템으로 기업 내의 업무를 통합하고 이를 기반으로 하여 고객관계가치 향상을 위한 CRM(고객관계관리)과 물류 통합을 위한 SCM(공급망관리)으로 그 기능을 확장시킴으로써 기업은 보다 효율적인 운영으로 기업목표를 달성하는 한편 경쟁우위를 확보하려고 한다.

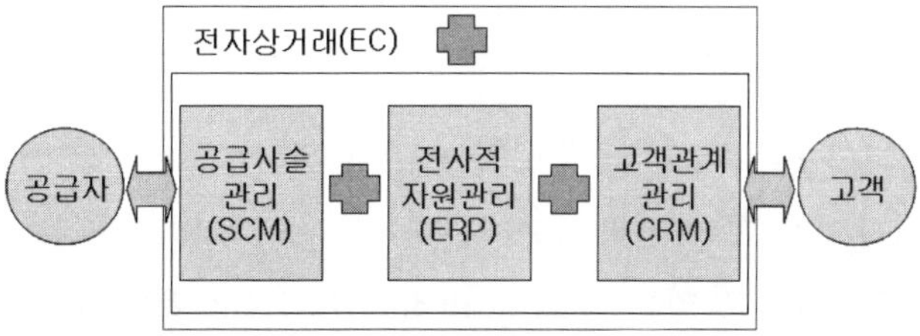

[그림 6-7] 전자상거래와 확장형 ERP

6.3.3 차세대 ERP

(1) ERP 변화 추세

ERP와 관련된 변화의 추세는 다른 분야와 마찬가지로 지속적인 변화요구와 속도에 빠르게 대응해야 한다는 것이다. 기존의 ERP가 데이터를 통합하는 수준이었다면, 현재는 총 소유비용의 절감과 리스크의 감소, 제어 능력과 투명성 제고, 투자회수의 가속화와 증대, 그리고 신규 사업 활용역량을 강화하는 방안에 이용될 수 있다는 것이다.

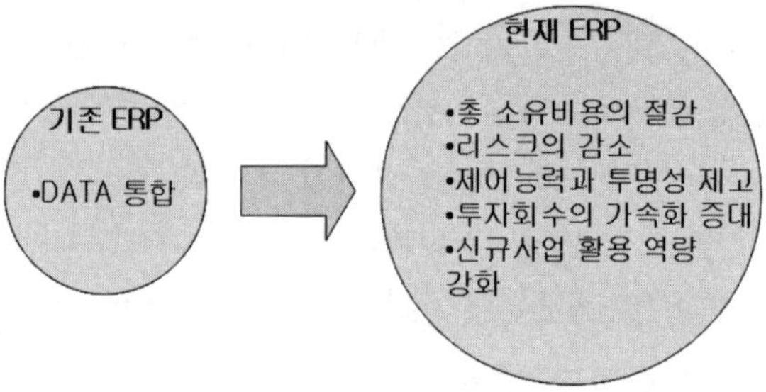

[그림 6-8] ERP 역할의 변화

차세대 기업용 어플리케이션 환경에서 ERP의 위치는 민감도와 반응에 걸 맞는 전략을 세우는 것이다.

(2) 차세대 ERP 요건

차세대의 ERP는 인간 중심형 ERP가 될 것이다. 기존의 ERP의 경우 인간적인 측면이 배제되어왔다. 인간 중심의 빠른 속도의 처리를 가장 원하고 있는 것으로 밝혀진 ERP시스템의 필요성은 업그레이드 측면에서 새로운 기능을 요구한다. 이러한 ERP의 차세대 요건을 정리해보면 다음과 같다.

① 인간 중심형 ERP

- 사용자인 인간의 요구사항을 충족하는 ERP
- 사용자의 직무 역할에 맞도록 구성된 사용자 인터페이스
- 가시성/투명성에 기초한 실시간 의사결정 및 실행 환경

② 확장 통합형 ERP

- 인간 중심형 ERP의 실현을 위한 필수 요건

- 기업 내부 통합에서 대외 연동과 통합으로 통합 범위 확대
- 기업 내외부에 걸친 확장형 프로세스 통합

③ 협업 지원형 ERP

- 사용자가 알아야 할 정보를 입수하거나 전달받도록 구성
- 확장형 기업 전반에 걸친 프로세스 통합과 정보 통합이 선결 요건
- 협업 지원은 언제 어디서나 사람과 사람을 이어주는 기능
- 협업 지원 도구: 인스턴트 메시징(IM), 온라인 채팅, 애플리케이션 공유

이러한 차세대 ERP의 구현을 위한 전제가 바로 통합기술이다. 이러한 통합기술의 세 가지 측면은 정보통합의 측면과 프로세스의 통합, 그리고 인간 중심형 통합을 들 수 있다. 이에 총 소유비용(TOC)을 절감할 수 있는 포괄적 통합 플랫폼이 요구된다. 이는 인간, 정보, 프로세스를 모두 통합하는 총체적 개념이다.

부 록

0A 용어모음

APPENDIX

○ ABC Analysis(ABC 분석): 자재 사용실적에 따라 자재를 분류하는 분석 방법. 자재 사용실적은 현재 가격에 수량을 곱하여 산출할 수 있다. 분석 결과에 따라 각 자재별로 ABC 등급이 부여되고, 이 등급에 따라 적당한 관리가 이루어진다. 일반적으로 ABC 등급은 다음과 같은 기준에 따라 부여된다.

- A: 중요 자재/사용 금액이 높은 자재
- B: 덜 중요한 자재/사용 금액이 중간인 자재
- C: 상대적으로 중요하지 않은 자재/사용 금액이 낮은 자재

○ Account Assignment(계정 지정): 소모성 자재 주문시 비용이 전기될 계정을 지정하는 것이다.

○ Account Group(계정 그룹): 재무회계에서 계정 원장(G/L account)에 전기할 때 계정 지정에 사용되는 키이다.

○ Backwards Scheduling(후진 계획): 자재 소요일 혹은 작업 종료일로부터 리드타임을 감안하여 자재 발주일 혹은 작업 시작일을 계산하는 방법이다. MRP 계산 시에는 먼저 후진 계획법에 의해 자재 발주일 등을 계산한 후 이 일자가 MRP 작업일보다 빠르면 자동적으로 전진계획법에 의해 재계산된다. (반대어: Forward

Scheduling)

- Batch(배치): 저장위치(storage location) 내에서 특별히 관리되는 재고 단위로 각 배치마다 별도의 자재 관리가 이루어진다. 예를 들어 판매된 제품에 하자 발생시 생산의 문제인지 원자재의 문제인지 등을 추적하고자 하면 생산 배치별로, 투입된 원자재별로 배치관리가 선행되어야 한다.

- Base Splitting(배치 분할): 하나의 배치를 여러 개의 배치로 분할하는 것이다.

- BOM(Bill Of Material, 자재명세서): 제품이나 어셈블리를 구성하는 부품들과 원 단위 등을 구성한 것이다. BOM은 다음과 같은 많은 작업에 중요한 기본적인 정보를 제공해준다.

- BOM Category(BOM 카테고리): BOM 구성 대상(자재, 설비, 문서) 별로 BOM을 분류하는 것이다.

- BPR(Business Process Reengineering): 조직의 업무프로세스 혁신의 변화를 통해 기업의 경영혁신을 추구하는 경영기법이며, ERP 시스템을 도입하기 위한 사전작업으로 BPR이 수행되기도 한다.

- Bullwhip Effect(채찍효과): 제조업체와 유통업체 간의 수요량과 발주량 차이에서 오는 문제로 부정확한 수요예측에 기인한 초과생산을 유발할 수 있다. 이를 해결하기 위해서는 제조업체와 유통업체의 정보공유가 필요하다.

- Class Hierarchy(클래스 계층): 클래스 계층은 단계적인(계층적인) 탐색을 통해 클래스를 찾을 수 있도록 클래스들을 분류, 구

조화한 것이다. 즉 특정 객체(object)를 찾을 때 일정 기준에 맞는 클래스를 선택하면 그에 따른 좀 더 구체화 된 다음 계층의 클래스들이 나타나고, 이러한 방법으로 탐색을 계속하여 원하는 객체를 쉽게 찾을 수 있다.

◎ Client(클라이언트): 그룹 혹은 회사와 같이 법률적으로, 조직적으로 독립된 최상위 단위이다.

◎ Covisint(코비신트): 2002년 2월에 설립된 자동차 부품 B2B e-마켓플레이스로 주요 참여업체는 포드, 다임러 크라이슬러, GM, 르노, 닛산, 델파이, 리어 등이 있고 솔루션업체인 오라클, 커머스원 등도 참여하고 있다.

◎ CPFR(Continuous Planning & Forecasting Replenishment): 제조업체와 유통업체 사이에서 판매 및 재고 데이터 공유를 통하여 수요 예측과 주문관리에 이용하고 효과적인 제품 출원과 재고관리를 지원하는 공급망관리를 위한 비즈니스 모델이다.

◎ CRM(Customer Relationship Management, 고객관계관리): 기업의 입장에서 신규고객을 유치하는 것은 기존 고객을 유지하는 것보다 훨씬 많은 비용을 초래한다고 한다. 이는 항상 더 나은 제품과 서비스를 제공해서 기존 고객을 붙잡아 두는 것이 기업의 입장에서는 이익이 된다는 것이다. 이러한 목적을 달성하기 위한 CRM은 선별된 고객으로부터 수익을 창출하고 장기적인 고객관계를 가능하게 함으로써 보다 더 높은 이익을 창출할 수 있는 고객관리시스템이다.

◎ CRP(Continuous Replenishment Program): 지속적인 제품보충시스템을 의미하는 것으로 유통업체 입장에서 소비자의 수요에

따라 제품의 결품이 발생하기 전에 자동적으로 상품을 공급받는 풀(Pull) 방식의 제품 충원 프로그램이며, CRP의 구현을 위해서는 EDI, POS[10] 기술과 데이터의 활용이 필요하다.

◎ Data Mart(데이터마트): 데이터 웨어하우스의 일부분이며, 데이터 웨어하우스의 분석 소요시간을 절약해주고, 특정 주제에 대한 정보를 손쉽게 제공해주는 특징을 가지고 있다.

◎ Data Mining(데이터 마이닝): 데이터 웨어하우스로부터 정보를 추출하는 기법으로 데이터 분석을 통하여 판매량을 예측하거나, 원인과 결과를 분석하거나, 특성에 따른 고객을 분류하거나, 유사한 특성을 가진 사람들을 그룹화 하는데 사용된다.

◎ Default Value(기본값): 데이터 화면에 자동적으로 제시되는 값으로, 사용자가 임의로 변경할 수 있다.

◎ Distribution Channel(유통채널): 대리점, 양판점, 할인매장 등과 같은 회사의 영업조직이다.

◎ Economic of Scale(규모의 경제): 기업이 생산의 투입 요소를 증가시킴으로써 수익성이 증대되는 현상을 말하며, 기업 간 협업을 강화하면 생산단가 및 업무비용을 낮추고 동일한 투입으로도 수익성을 증대시킬 수 있다.

◎ Economic of Scope(범위의 경제): 단일 기업이 아닌 여러 기업들

---

10) 판매시점관리(Point of Sales)의 약어로, 유통업체 매장에서 판매와 동시에 품목, 가격, 수량 등의 제품 정보를 컴퓨터에 입력시켜 정보를 분석, 활용하는 관리시스템이다. 유통업체는 POS시스템을 이용하여 수시로 매출동향을 파악하며, 재고를 적정수준으로 유지하고, 잘 팔리는 상품의 진열을 확대하는 등 상품관리 및 업무자동화를 실현할 수 있게 된다.

이 상호 협력을 통해 생산 활동을 함으로써 비용을 절감시키고 공동의 노력으로 시너지 현상을 극대화시키는 현상을 말한다.

- EDI(Electronic Data Interchange, 전자문서교환): 거래업체 간에 상호 합의된 전자문서표준을 이용하여 컴퓨터간의 구조화된 데이터의 전송을 의미한다. 이를 위해서는 원거리간 문서교환을 위한 응용프로그램, 데이터 전송이 가능한 통신망, 네트워크 소프트웨어, 두 기업간 표준화된 문서교환을 지원해주는 변환 소프트웨어 등이 필요하다.

- Effective Price(유효가격): 모든 가격조건(세금, 운송비, 할인금액, 부대비용 등)을 고려하여 계산된 최종 가격이다.

- ERP(Enterprise Resource Planning, 전사적자원관리): 기업의 경영자원에 대한 통합적 자원관리를 체계적으로 하기 위해 회계, 재무, 생산, 물류, 인사 등 전 부분을 연계시켜 기업 전체 차원의 최적화를 달성해주도록 도와주는 시스템이다.

- External Procurement(외부조달): 필요한 원자재, 소모품, 교역상품, 서비스 등을 회사 외부로부터 조달하는 것이다.

- Extranet(엑스트라넷): 인터넷 기술을 기반으로 한 사적이고 소유권이 있는 연결을 제공하며 공급사슬 네트워크의 외부적 파트너들 간에 이용되는 커뮤니케이션 기술로 구매, 판매, 제조, 회계, 유통 등과 같은 공급사슬 상에서 이용된다.

- Fixed Value(고정값): 프로파일에서 데이터 화면으로 복사된 값으로 사용자가 임의로 수정할 수 없다.

- Intranet(인트라넷): 인터넷 기술을 기반으로 핵심 기업과 공급사

슬 프로세스에 가치를 추가하기 위해 정보 접근을 허락받은 내부 구성원들에게 제공하는 네트워크

- Inventory(재고): 자재관리에서 회사의 현재 자산의 일부를 지칭한다. 원자재, 소모품, 반제품, 완제품, 그리고 회사의 창고에 보관 중인 교역 제품을 지칭한다.

- Inventory Management(자재관리): 다음 작업을 포함하는 물류관리의 한 영역으로 재고 수량 및 금액을 관리(기록 및 추적), 자재 입고, 자재 출고, 자재 이동 등 모든 재고 이동을 계획하고 기록하고 관리하는 것이다.

- Item(품목): BOM을 구성하는 부품에 관한 정보를 가지고 있는 부분이다. 품목은 특징에 따라 품목 카테고리로 세분된다. 품목은 품목번호로 구분된다. 각 품목마다 품목번호, 부품의 자재번호, 수량 및 단위, 유효기간, 품목 문서와 같은 정보가 관리된다.

- JIT(Just-In-Time): 도요타 자동차에서 부품조달을 적시에 하기 위해 활용한 방식이다. 납품업체와 긴밀하게 협력하여 생산에 필요한 자재나 부품을 그때그때 필요한 양만큼 신속하고 정확하게 조달하고 무재고를 달성함으로써 재고 비용을 감축하고 생산성을 제고하는 경영혁신 기법이다.

- Lead Time(리드타임): 발주에서 입고까지 걸리는 시간 혹은 작업 시작에서 작업 완료까지 걸리는 시간이다.

- Logistics(물류): 제조와 저장을 거치는 제품을 비즈니스 고객이나 최종 소비자에게 운송해주는 프로세스이다.

- Material(자재): 자재관리에서 다루는 모든 객체(object)들에 대

한 용어이다. 각 자재별로 자재 마스터 레코드가 생성되며, 고유의 자재번호가 지정된다.

- Material Master(자재 마스터): 사용되는 모든 자재와 이 자재에 속하는 모든 데이터는 자재 마스터에서 관리된다.

- Material Master Record(자재 마스터 레코드): 시스템에서 자재를 관리하는데 필요한 모든 정보를 가지고 있는 데이터 기록으로, 산업구분(industry)과 자재타입(material type)에 의해 관리되는 데이터들이 달라진다. 또한 조직단위별로 다른 데이터 값을 관리할 수 있으며, 사용자가 관리할 수 있는 데이터에 추가해서 시스템에서 자동으로 갱신・관리할 수 있는 데이터도 있다. 자재 마스터 관리 시 화면을 추가하고자 할 때는 변경이 아닌 생성 작업을 선택해야 한다.

- MRP(Material Requirement Planning, 자재소요계획): 자재별로 소요량과 공급량을 비교하여 자재 계획을 수립하는 것

- Material(MM/PP) Status: 자재 마스터 레코드에 있는 필드로, 특정 기능에 대한 자재의 효율성을 금지하거나 제한할 수 있게 한다. 예를 들어, 개발 중인 자재에 대해서는 자재계획, 발주, 출하를 모두 금지하도록 하는 지시자를 설정하고, 개발이 완료되면 이 필드를 정상적인 것으로 변경하여 자재발주 및 입출고가 정상적으로 수행될 수 있도록 할 수 있다.

- MRP Profile(MRP 프로파일): 자재 마스터 등록/관리시 MRP 관련 데이터의 용이한 입력을 위해 일반적으로 적용되는 데이터들을 미리 모아서 작성해놓은 파일이다. 자재 마스터 관리 시 이 파일 이름을 입력하면, 기 작성된 데이터들이 자재 마스터

의 MRP 화면으로 복사된다. MRP 프로파일 생성시에는 사용할 필드 선정, 해당 필드 값 입력, 사용자가 수정할 수 있는 필드(기본값)와 수정할 수 없는 필드(고정값) 지정과 같은 값들을 지정한다.

◎ One-time Vendor(기타 협력업체): 정규 협력업체가 아닌 기타 협력업체들을 관리하는 협력업체 마스터 레코드이다. One-time vendor에 RFQ나 PO를 발행하는 경우에는 그때마다 주소정보를 수작업으로 입력해야 한다.

◎ Outsourcing(아웃소싱): 자사 기능 중 일부를 외부의 전문 기업체에 위탁하는 것을 의미한다. 과거 단순한 업무를 하청함으로써 조직의 비용 감소를 목표로 수행되었지만, 최근 들어서는 외부의 전문적인 아웃소싱 업체가 나타남으로써 조직 내에서 관리하는 것보다 더 효율적이며 자사의 핵심역량에 더 집중할 수 있다.

◎ Physical Inventory(재고 실사): 시스템에 기록된 재고 수량(book inventory balance)과 실제고 수량을 비교하는 것이다. 재고실사 결과가 시스템에 기록된 수량과 다른 경우에는 재실사를 통해 검증 작업을 실시하거나 시스템의 재고기록을 수정해야 한다.

◎ Planned Delivery Time(구매 리드타임): 자재 조달에 걸리는 리드타임이다.

◎ POS(Point of Sales, 판매시점): 판매시점 정보관리시스템으로 상품의 바코드에 부여된 정보를 판매시에 실시간으로 취합해 관리할 수 있도록 지원해주는 시스템이다.

◎ Price Comparison(견적가 비교): 여러 업체로부터 산출된 견적가격을 비교하는 것이다. 비교결과는 견적가 비교 리스트로 나타나며, 품목별로 최소 견적가, 평균 견적가, 최대 견적가 등이 나타난다.

◎ Procurement Lead Time(조달 리드타임): 구매오더 발행 후부터 자재가 가용 재고로 입고되는데 까지 걸리는 시간이다.

◎ Production Resource/Tools(PRTs, 생산자원 및 도구): 작업장에서 단위작업을 수행하기 위해 필요한 자원이나 도구이다. 그 예로 작업지도서, 생산에 쓰이는 도구, 계측기, NC 프로그램, 도면 등이 있다.

◎ Profile: 자재 마스터 등록/관리 시 관련 데이터의 용이한 입력을 위해 일반적으로 적용되는 데이터들을 미리 모아서 작성해 놓은 파일이다. 관련 정보관리 시에 이 파일 이름을 입력하면, 기 작성된 데이터들이 정보 입력 화면으로 복사된다. 프로파일 생성 시에는 사용할 필드 선정, 해당 필드 값 입력, 사용자가 수정할 수 있는 필드(기본값)와 수정할 수 없는 필드(고정값)들을 지정한다.

◎ Purchase Requisition(구매 요청서): 구매 부서에 대해 지정 일까지 일정량의 자재나 서비스 조달을 요구하거나 지시하는 것이다.

◎ Purchasing Document(구매문서): 구매 부서에서 자재나 서비스를 조달하기 위해 이용하는 수단이다. 대개 ERP 시스템에서는 구매요청서, 견적요청서(RFQ), 견적서, 구매오더, 구매계약서, 장기 구매 협략서와 같은 구매 문서들을 제공한다.

◎ **Purchasing Information System(구매정보시스템)**: 각 협력업체, 구매 담당자, 자재, 구매오더별로 실적을 평가할 수 있도록 하는 정보시스템이다.

◎ **Quantity Contract(수량계약)**: 제품이나 서비스의 최대 구매 수량을 지정한 계약이다. 수량에 근거한 계약서를 만들기 위해서는 반드시 합의 수량을 입력해야 한다.

◎ **Quick Response(QR)**: 공급체인의 제품 흐름을 개선하기 위해 소매업자와 제조업자의 정보공유를 통해 효과적으로 원재료를 충원하고, 제품을 제조하고, 유통함으로써 효율적인 생산과 공급체인 재고량을 최소화시키려는 전략이다.

◎ **Quotation(견적서)**: 협력업체가 특정 자재의 납입 및 서비스에 대해 가격과 조건을 제시한 문서이다.

◎ **Release Order(승인된 오더)**: 계약에서 합의된 자재나 서비스의 총 수량 중 일부를 협력업체에 요구할 때 이용하는 구매오더의 한 형태이다.

◎ **Release Point(구매요청서 승인자)**: 구매요청서를 구매오더로 변환하여 협력업체로 발송하기 전에 이를 결재하거나 승인하는 사람 또는 부서이다.

◎ **Replenishment Quantity(보충 수량)**: 재고가 일정레벨 이하로 떨어지는 경우 이를 보충하기 위해 발주해야 하는 수량이다.

◎ **Reorder Point(재발주점)**: 자재가 일정 레벨(재발주점) 이하로 떨어지면 해당 자재번호가 자동적으로 MRP 계획 파일에 기록되어 다음 번 MRP 수행 시에 반영된다.

◎ Request For Quotation(RFQ): 협력업체나 자재 납입이나 서비스 제공에 대한 견적서를 제출하도록 요구하는 것이다.

◎ Safety Stock(안전재고): 예상하지 못한 자재 소요에 따른 자재 결품을 방지하기 위해 유지하는 재고이다. 안전재고 레벨은 자재 결품에 따른 위험성과 목표 서비스 레벨을 고려하여 결정되고, 안전재고는 특별한 경우를 제외하고는 생산용으로 사용되거나 출고되지 않는다.

◎ Scheduling(일정 계획): 오더 또는 오퍼레이션의 시작일 및 종료일을 계산하는 것. 일정계획은 다음과 같은 2가지 방법으로 수행된다.

- MRP: 스케줄링 시 자재마스터에 등록된 제조 리드타임 및 구매 리드타임이 주요하게 고려된다.
- CRP: 공정 및 작업오더 데이터를 이용해 스케줄링이 이루어진다.

◎ SCM(Supply Chain Management, 공급사슬관리): 제품, 서비스, 고객에게 가치를 창출하기 위한 정보를 제공하는 최초의 공급자로부터 최종 소비자까지를 잇는 각 비즈니스 프로세스의 통합이다.

◎ Six-Sigam(6 시그마): 통계적 측정이자 기업전략이며 철학이다. 통계적 측정이라는 것은 객관적인 통계수치로 모든 프로세스를 측정·분석한다는 뜻으로 제품설계, 제조, 서비스, 품질을 최소화하기 위해 규격 상한과 하한을 목표로 정하고 품질 중심의 경영을 지향한다는 것이다. 6 시그마 품질수준은 1백만개 제품 중 불량이 3~4개 이내로 현재 대부분 회사들의 품질 수준은 4 시그마 수준에 머물러 있다.

- Source List(소스 리스트): 공장별로 승인된(또는 승인되지 않은) 자재 공급원을 명시한다. 또한 각 소스(협력업체) 별로 유효한 기간을 명시한다. 자재별 소스리스트는 가능한 자재 공급원을 명시하는 소스리스트 레코드로 구성된다.

- Special Stock(특수 재고): 자재 소유권의 문제나 보관 장소 등으로 별도로 관리되어야 하는 재고이다.

- Standard Price(표준원가): 입고 가격이나 자재비의 변동에 상관없이 일정한 가격(표준원가)으로 자산이 평가되는 자재평가 방법이다.

- Stock/Requirement List(자재 재고/소요량 리스트): 자재별 재고 상황에 관한 최신의 개요를 보여주는 보고서이다. MRP 리스트는 MRP 결과만을 보여주는데 반해 이 보고서에는 특정 자재에 관련된 모든 최신의 데이터(작업오더, 영업오더 등)가 포함된다.

- Validity Reriod(유효기간): BOM, 라우팅(Routing) 등과 같은 객체(object)가 유효한 기간이다.

- Value Chain(가치사슬): 마이클 포터(Michael E. Porter)가 1985년에 출판한 경쟁우위(Competitive Advantage)라는 저서에서 사용한 용어로 주 활동과 보조 활동으로 구성된다. 주 활동은 내/외부 로지스틱스, 운영, 마케팅과 판매, 서비스로 구성되고, 보조 활동은 회사의 인프라, 인적자원관리, 기술개발, 조달 등으로 구성된다.

- Virtual Enterprise(가상기업): e-비즈니스 시대에 나타난 대표적

인 가상조직의 확장된 형태로써 특별한 경영목표 달성을 위해 핵심능력과 핵심자원을 보유한 기업들이 목표를 달성하기 위하여 만든 조직이다.

- Vendor(협력업체): 자재나 서비스의 공급원이다.

- View: 자재 마스터 레코드에서 자재 데이터를 구매나 영업등과 같이 특정 용도별로 관리할 수 있도록 화면을 구분하여 놓은 것으로, 개별 View는 별도로 처리된다.

0B APPENDIX

국내 ERP 패키지 공급업체 현황[11)]

NO	회사명	내용		개발구분
1	가가 컴퓨터 시스템	솔루션명	GMICS	자체 개발
		제품개요	제조업체의 종합 생산정보 관리 시스템	
		적용업종	자동차, 조선 기자재, 화학, 정밀기계 등 제조업 모든 업종	
		단위업무	재고, 구매, 생산, 수주, 판매, 미수금, 미지급금 등의 10개 모듈로 구성	
2	교보 정보 통신	솔루션명	IntraERP	자체 개발
		제품개요	중소기업용 ERP	
		적용업종	전체 산업	
		단위업무	모든 업무	
3	나산 정보 통신	솔루션명	NasanERP	자체 개발
		제품개요	기업 전체의 자원을 효율적으로 통합관리 가능한 전사적 패키지	
		적용업종	제조업	
		단위업무	인사, 급여, 회계, 영업, 무역, 구매, 자재, 생산, 품질, 임원정보, 시스템 관리	
4	나우리 정보 기술	솔루션명	NauriERP	자체 개발
		제품개요	• 중소·중견 제조 기업을 대상으로 한 제품으로 회계 관리와 생산관리의 유기적 연계를 통해 실질적인 원가관리 및 원가절감기능 • 영업, 판매, 재고 등의 업무를 웹 환경하에서 처리 가능하며, SCM 등의 확장 ERP 연계 가능	
		적용업종	제조업	
		단위업무	회계, 생산, 인사, 급여, 영업	
5	다해 정보 기술	솔루션명	Triumph	자체 개발
		제품개요	통합관리 프로그램	
		적용업종	모든 업종(건설업 제외)	

11) 한국소프트웨어산업협회(http://www.sw.or.kr/)에서 발췌

<table>
<tr><th>NO</th><th>회사명</th><th colspan="2">내용</th><th>개발 구분</th></tr>
<tr><td rowspan="4">6</td><td rowspan="4">도은 정보 통신</td><td>솔루션명</td><td>Focus2000ERP</td><td rowspan="4">자체 개발</td></tr>
<tr><td>제품개요</td><td>판매 재고, 인사, 급여, 회계자금, 생산 자재가 통합된 SW로 동일 데이터베이스를 사용하여 회사의 모든 자료를 유기적으로 연계시켜 활용하게 함</td></tr>
<tr><td>적용업종</td><td>제조업</td></tr>
<tr><td>단위업무</td><td>인사, 급여, 영업, 회계, 구매, 재고, 생산, 외주 등의 업무</td></tr>
<tr><td rowspan="4">7</td><td rowspan="4">디비 비전</td><td>솔루션명</td><td>DBMS-ERP</td><td rowspan="4">한국 정보 시스 템의 KIS-ERP 양도 받아 기능 향상</td></tr>
<tr><td>제품개요</td><td>기업의 규모와 산업 특성에 따라 필요한 모듈을 최적화 가능하며, 다양한 DB 서버 플랫폼 상에서 컴퓨팅이 가능한 C/S 모델</td></tr>
<tr><td>적용업종</td><td>제조업, 유통업, 서비스업, 학사관리 업무</td></tr>
<tr><td>단위업무</td><td>인사, 급여, 근태, 총무, 회계, 자산, 원가, 영업, 구매, 무역, 생산, 품질, 설비, 학사관리</td></tr>
<tr><td rowspan="4">8</td><td rowspan="4">디에이 테크</td><td>솔루션명</td><td>MATRIX-ERP</td><td rowspan="4">자체 개발</td></tr>
<tr><td>제품개요</td><td>Mold, Press, Diecasting 금형업체 전용: 공정관리 중심의 기업 자원관리 시스템</td></tr>
<tr><td>적용업종</td><td>금형업체</td></tr>
<tr><td>단위업무</td><td></td></tr>
<tr><td rowspan="4">9</td><td rowspan="4">모아 정보 시스템</td><td>솔루션명</td><td>More-ERP</td><td rowspan="4">자체 개발</td></tr>
<tr><td>제품개요</td><td>일반 제조사, 자동차 부품업체의 모든 업무를 통합 지원한다.</td></tr>
<tr><td>적용업종</td><td>2차 제품 품질관리 가능, 시내·외 고속 배차 및 수납 등 모든 업무 지원 제조, 자동차, 콘크리트업, 운송업</td></tr>
<tr><td>단위업무</td><td></td></tr>
<tr><td rowspan="4">10</td><td rowspan="4">보고 정보 시스템</td><td>솔루션명</td><td>미라클엔터프라이즈2001</td><td rowspan="4">자체 개발</td></tr>
<tr><td>제품개요</td><td>ERP 패키지</td></tr>
<tr><td>적용업종</td><td>제조업</td></tr>
<tr><td>단위업무</td><td>인사, 급여, 회계, 영업, 생산, 물류 등</td></tr>
</table>

<table>
<tr><th>NO</th><th>회사명</th><th colspan="2">내용</th><th>개발 구분</th></tr>
<tr><td rowspan="4">11</td><td rowspan="4">비지원 소프트</td><td>솔루션명</td><td>GoodERP 2000</td><td rowspan="4">자체 개발</td></tr>
<tr><td>제품개요</td><td>중소기업용 ERP로 중소기업의 업무프로세스를 모두 포함하며, 수주에서 품목별 개별원가까지 통합 관리하는 시스템
ERP 확장 제품으로 GoodPOP VBM 2000, 쿼리 디자이너 등의 추가 기능 보유제품 개발</td></tr>
<tr><td>적용업종</td><td>제조, 유통</td></tr>
<tr><td>단위업무</td><td>인사, 급여, 구매, 자재, 판매영업, 설계정보, 외주관리, 회계, 자산, 원가</td></tr>
<tr><td rowspan="4">12</td><td rowspan="4">삼성 SDS</td><td>솔루션명</td><td>UniERP(해외 브랜드: Bizentro)</td><td rowspan="4">자체 개발</td></tr>
<tr><td>제품개요</td><td>• 수주에서 생산, 출하까지의 일관된 체계를 근간으로 한 시스템으로 인사, 급여, 회계, 원가 등 기업의 모든 업무를 실시간 통합 운영할 수 있는 시스템
• 업무 표준화 및 코드화를 지원하며, 전사적 차원의 프로세스 혁신에 체계적으로 대응할 수 있도록 지원</td></tr>
<tr><td>적용업종</td><td>전기, 전자, 자동차 부품, 식음료, 화학업종의 중견중소기업</td></tr>
<tr><td>단위업무</td><td>모든 모듈</td></tr>
<tr><td rowspan="3">13</td><td rowspan="3">선천 정보 통신</td><td>솔루션명</td><td>FAST</td><td rowspan="3">자체 개발</td></tr>
<tr><td>제품개요</td><td>일반형과 방송사형의 2가지 제품이 있다. 일반형은 인사, 급여, 예산, 회계, 구매, 자산 등의 모듈로 구성되어 있으며, 방송사형은 편성관리, 제작관리, 광고운행, 자료관리 등으로 구성되어 있음</td></tr>
<tr><td>적용업종</td><td>자동차 부품업체, 기계조립 분야, 플라스틱 분야</td></tr>
<tr><td rowspan="3">14</td><td rowspan="3">성지 데이터</td><td>솔루션명</td><td>KAPIS</td><td rowspan="3">자체 개발</td></tr>
<tr><td>제품개요</td><td>국내 자동차 기업의 정보를 이용한 부품
업체의 제조 관련 종합 의사결정 시스템</td></tr>
<tr><td>적용업종</td><td>자동차 부품업체, 기계조립 분야, 플라스틱 분야</td></tr>
</table>

NO	회사명	내용		개발 구분
15	아이티엠	솔루션명	ITForce	자체 개발
		제품개요	기존 통합화된 ERP 플랫폼을 근간으로 한 산업현장의 노하우와 정보기술을 접목함과 동시에 고객의 업무 특수성을 가미한 맞춤 솔루션으로 DIS버전과 레미콘 및 콘크리트 업체에 특화된 CON버전이 있음	
		적용업종	자동차 부품, 전기, 전자, 조립금속, 기계, 레미콘, 아스콘, 골재, 흄관, 철도침목, 전주, 블록 생산업종 등	
16	애드겟	솔루션명	A-ERP	자체 개발
		제품개요	생산관리, 설비이력, 영업관리, 구매관리, 재무회계, 수지결의서, 인사급여, 문서관리 등으로 구성	
		적용업종	주물업체	
		단위업무		
17	에스앤소프트	솔루션명	플러스 ERP	자체 개발
		제품개요	회계, 판매, 재고, 생산, 자재, 인사, 급여 등 제반 업무의 선택적 조합 가능	
		적용업종	모든 업종	
		단위업무		
18	우도닷컴	솔루션명	토목자재 제조회사용 ERP	자체 개발
		제품개요	업종 특성에 적합한 ERP로 영업, 출하, 품질, 자재, 회계 등으로 구성	
		적용업종	레미콘, 아스콘, 골재 등 토목자재 제조회사	
		단위업무		
19	우신컴정보	솔루션명	TurboERP	자체 개발
		제품개요	플랜트, 금형, 기계제작 등 기계·공작업종에 맞는 PJ버전, 광고대행사에 맞는 AD버전, 제약업종에 맞는 MD버전 등 여러 분야에 적용 가능한 다양한 제품	
		적용업종	기계, 조립가공업, 광고회사, 제약업 등	
		단위업무		

<table>
<tr><th>NO</th><th>회사명</th><th colspan="2">내용</th><th>개발 구분</th></tr>
<tr><td rowspan="4">20</td><td rowspan="4">위쉬 정보 기술</td><td>솔루션명</td><td>WISH-ERP</td><td rowspan="4">자체 개발</td></tr>
<tr><td>제품개요</td><td>중소기업 전용 ERP 패키지</td></tr>
<tr><td>적용업종</td><td>제조, 기계, 전기, 전자, 유통</td></tr>
<tr><td>단위업무</td><td></td></tr>
<tr><td rowspan="4">21</td><td rowspan="4">유아 이티</td><td>솔루션명</td><td>USER-ERP</td><td rowspan="4">자체 개발</td></tr>
<tr><td>제품개요</td><td>제조업에 적용하는 ERP1버전과 유통업에 적용하는 ERP2버전이 있음</td></tr>
<tr><td>적용업종</td><td>제조업(철강, 부품, 제지, 의류), 유통업(농산물, 화장품)</td></tr>
<tr><td>단위업무</td><td></td></tr>
<tr><td rowspan="4">22</td><td rowspan="4">인소팩</td><td>솔루션명</td><td>ispERP</td><td rowspan="4">자체 개발</td></tr>
<tr><td>제품개요</td><td>프로세스 배열이 용이하며, 사용자 위주의 기능 설정 및 인터페이스 구성</td></tr>
<tr><td>적용업종</td><td>모든 업종 인사, 급여, 회계, 생산, 경영</td></tr>
<tr><td>단위업무</td><td></td></tr>
<tr><td rowspan="4">23</td><td rowspan="4">다름</td><td>솔루션명</td><td>TexProERP</td><td rowspan="4">자체 개발</td></tr>
<tr><td>제품개요</td><td>섬유제조 업체용 erp</td></tr>
<tr><td>적용업종</td><td>섬유업종</td></tr>
<tr><td>단위업무</td><td></td></tr>
<tr><td rowspan="4">24</td><td rowspan="4">디딤 정보 시스템</td><td>솔루션명</td><td>DDIM-ERP</td><td rowspan="4">자체 개발</td></tr>
<tr><td>제품개요</td><td>• 영업, 생산, 자재, 구매, 품질, 결산, 생산성, 매출, 수금관리(PRO)
• 인사, 급여, 근태, 퇴직, 연말정산 관리(PAY)
• 전표등록, 재무제표, 원장, 어음, 자산관리(ACT)
• 부가세 등록, 전자신고, 법인조정, 개인 조정관리(TAX)</td></tr>
<tr><td>적용업종</td><td>제조 모든 업종</td></tr>
<tr><td>단위업무</td><td></td></tr>
</table>

<table>
<tr><th>NO</th><th>회사명</th><th colspan="2">내용</th><th>개발 구분</th></tr>
<tr><td rowspan="4">25</td><td rowspan="4">레디 코리아</td><td>솔루션명</td><td>Ready-ERP</td><td rowspan="4">자체 개발</td></tr>
<tr><td>제품개요</td><td>섬유무역 관련 업종의 종합적 업무관리</td></tr>
<tr><td>적용업종</td><td>섬유</td></tr>
<tr><td>단위업무</td><td>영업관리, 인사, 급여, 회계, 무역관리, 수불관리</td></tr>
<tr><td rowspan="3">26</td><td rowspan="3">매트 릭스 2B</td><td>솔루션명</td><td>매트릭스*트레이드</td><td rowspan="3">자체 개발</td></tr>
<tr><td>제품개요</td><td>• 계약, 납품스케줄, 신용장, 로컬수출, 금융, 통관, 선적, 보험, 네고, 환급 등 모든 업무 자동화
• 오라클, SAP,uniERP 등 모든 ERP 시스템과 통합가능
• 업무단계별로 EDI와 연동되어 별도 작업 없이 조합, 선사, 보험사 관련업무 자동화</td></tr>
<tr><td>적용업종</td><td>제조, 정보/로컬수축, 직수출, 직수입, 로컬수입, 중계무역, 해외 임가공 등</td></tr>
<tr><td rowspan="4">27</td><td rowspan="4">미래 소프트 웨어</td><td>솔루션명</td><td>NETR21</td><td rowspan="4">자체 개발</td></tr>
<tr><td>제품개요</td><td>ERP의 모든 모듈을 통합관리 가능</td></tr>
<tr><td>적용업종</td><td>제조업 중심 18개 모듈로 구성</td></tr>
<tr><td>단위업무</td><td></td></tr>
<tr><td rowspan="4">28</td><td rowspan="4">바이 브텍</td><td>솔루션명</td><td>Maxima ERP</td><td rowspan="4">자체 개발</td></tr>
<tr><td>제품개요</td><td>매출 100억~1,000억대의 제조, 렌탈회사의 전산 시스템 구축에 최적</td></tr>
<tr><td>적용업종</td><td>전자부품, 조립, 자동차 부품조립, 사출, 렌탈</td></tr>
<tr><td>단위업무</td><td>인사, 급여, 회계, 영업, 물류, 생산, 품질, 무역, 원가</td></tr>
<tr><td rowspan="3">29</td><td rowspan="3">한국 QAD</td><td>솔루션명</td><td>MFG/PRO</td><td rowspan="3">Progress Inc.</td></tr>
<tr><td>제품개요</td><td>전사적 자원관리 시스템</td></tr>
<tr><td>적용업종</td><td>제조업</td></tr>
<tr><td rowspan="3">30</td><td rowspan="3">보람 정보 시스템</td><td>솔루션명</td><td>대장간 2000</td><td rowspan="3">자체 개발</td></tr>
<tr><td>제품개요</td><td>철강, 금속 통합 정보시스템</td></tr>
<tr><td>단위업무</td><td>구매, 생산, 영업, 정보, 회계 자금 등</td></tr>
</table>

<table>
<tr><th>NO</th><th>회사명</th><th colspan="2">내용</th><th>개발 구분</th></tr>
<tr><td rowspan="4">31</td><td rowspan="4">비주얼 소프트</td><td>솔루션명</td><td>천하명장</td><td rowspan="4">자체 개발</td></tr>
<tr><td>제품개요</td><td>자재관리, 인사급여관리, 회계관리 기능이 뛰어난 통합업무용 소프트웨어</td></tr>
<tr><td>적용업종</td><td>구매, 영업, 자재, 품질관리, 인사관리, 급여관리, 재무제표, 일계표, 세금계산서</td></tr>
<tr><td>단위업무</td><td></td></tr>
<tr><td rowspan="3">32</td><td rowspan="3">비즈 아이 코리아</td><td>솔루션명</td><td>Win-ERP</td><td rowspan="3">자체 개발</td></tr>
<tr><td>제품개요</td><td>영업, 구매/자재, 생산, 인사/급여, 세무/회계 등의 모듈로 구성됨</td></tr>
<tr><td>적용업종</td><td>제조업, 반도체, 통신업, 무역업, 전기, 전자, 건설업, 서비스업</td></tr>
<tr><td rowspan="4">33</td><td rowspan="4">비즈 엔젤</td><td>솔루션명</td><td>Angel Web ERP Advanced</td><td rowspan="4">자체 개발</td></tr>
<tr><td>제품개요</td><td>회계, 세무, 자산, 인사, 급여, 영업, 구매, 재고, 원가관리 등의 모듈로 구성</td></tr>
<tr><td>적용업종</td><td>유통업, 제조업, 서비스업, 정보통신업, 바이오(Bio) 기업, 건설업 등</td></tr>
<tr><td>단위업무</td><td></td></tr>
<tr><td rowspan="4">34</td><td rowspan="4">삼능 전산</td><td>솔루션명</td><td>Web-ERP</td><td rowspan="4">자체 개발</td></tr>
<tr><td>제품개요</td><td>중소기업 업무전산화 지원 솔루션</td></tr>
<tr><td>적용업종</td><td>전업종</td></tr>
<tr><td>단위업무</td><td>인사, 회계, 영업, 자재, 생산</td></tr>
<tr><td rowspan="4">35</td><td rowspan="4">삼익 정보 기술</td><td>솔루션명</td><td>SMM-ERP</td><td rowspan="4">자체 개발</td></tr>
<tr><td>제품개요</td><td>중소기계 제조업 정보관리시스템</td></tr>
<tr><td>적용업종</td><td>기계 제조업</td></tr>
<tr><td>단위업무</td><td>견적, 영업, 구매, 생산, 인사, 급여, 회계</td></tr>
<tr><td rowspan="4">36</td><td rowspan="4">새암 소프트</td><td>솔루션명</td><td>AFX-ERP</td><td rowspan="4">자체 개발</td></tr>
<tr><td>제품개요</td><td>중견기업용 ERP</td></tr>
<tr><td>적용업종</td><td>전업종</td></tr>
<tr><td>단위업무</td><td>전사적 업무</td></tr>
<tr><td rowspan="4">37</td><td rowspan="4">새빛 데이터 시스템</td><td>솔루션명</td><td>WUMS</td><td rowspan="4">자체 개발</td></tr>
<tr><td>제품개요</td><td>통합정보시스템</td></tr>
<tr><td>적용업종</td><td>제조, 서비스업</td></tr>
<tr><td>단위업무</td><td></td></tr>
</table>

<table>
<tr><th>NO</th><th>회사명</th><th colspan="2">내용</th><th>개발 구분</th></tr>
<tr><td rowspan="4">38</td><td rowspan="4">소텍 정보 기술</td><td>솔루션명</td><td>yesERP</td><td rowspan="4">자체 개발</td></tr>
<tr><td>제품개요</td><td>제조중심의 중소기업용 저비용 고효율의 ERP</td></tr>
<tr><td>적용업종</td><td></td></tr>
<tr><td>단위업무</td><td>인사, 급여, 자재, 영업, 생산, 품질, 수출입 등</td></tr>
<tr><td rowspan="4">39</td><td rowspan="4">소프트 파워</td><td>솔루션명</td><td>Top-ERP</td><td rowspan="4">자체 개발</td></tr>
<tr><td>제품개요</td><td>축적된 노하우를 기반으로 산업현장의 지식과 실무현장의 요구들을 수용하여 개발된 정통 국산 ERP 시스템</td></tr>
<tr><td>적용업종</td><td>전업종</td></tr>
<tr><td>단위업무</td><td></td></tr>
<tr><td rowspan="4">40</td><td rowspan="4">씨아 이엠 소프트</td><td>솔루션명</td><td>ERP2000</td><td rowspan="4">자체 개발</td></tr>
<tr><td>제품개요</td><td>생산관리, 경리, 회계, 인사, 급여</td></tr>
<tr><td>적용업종</td><td>전기, 전자, 자동차 부품, 주류, 제화, 유통, 제조업</td></tr>
<tr><td>단위업무</td><td></td></tr>
<tr><td rowspan="4">41</td><td rowspan="4">아이투 에스 코리아</td><td>솔루션명</td><td>Global ERP</td><td rowspan="4">자체 개발</td></tr>
<tr><td>제품개요</td><td>해외에 공장을 두고 있는 제조업체의 수주, 생산, 통관의 통합관리시스템</td></tr>
<tr><td>적용업종</td><td>무역제조업</td></tr>
<tr><td>단위업무</td><td></td></tr>
<tr><td rowspan="3">42</td><td rowspan="3">아이티 솔루션즈</td><td>솔루션명</td><td>Digital-ERP</td><td rowspan="3">자체 개발</td></tr>
<tr><td>제품개요</td><td>다양한 기업환경 하에서 경영역량을 발휘할 수 있도록 지원하는 솔루션</td></tr>
<tr><td>적용업종</td><td>전기, 전자, 기계, 금속, 고무, 플라스틱</td></tr>
<tr><td rowspan="3">43</td><td rowspan="3">아이티 솔루션즈</td><td>솔루션명</td><td>I2N ERP</td><td rowspan="3">자체 개발</td></tr>
<tr><td>제품개요</td><td>다양한 기업에 적용 가능한 고급형 ERP</td></tr>
<tr><td>적용업종</td><td>전기, 전자, 기계, 금속, 고무, 플라스틱</td></tr>
<tr><td rowspan="3">44</td><td rowspan="3">아이티 솔루션즈</td><td>솔루션명</td><td>B2B ERP</td><td rowspan="3">자체 개발</td></tr>
<tr><td>제품개요</td><td>협력업체 및 공급업체의 전략적 관계를 통한 가치망의 구축</td></tr>
<tr><td>단위업무</td><td>구매, 발주</td></tr>
</table>

NO	회사명	내용		개발 구분
45	아이티 솔루션즈	솔루션명	Mobil ERP	자체 개발
		제품개요	유・무선을 연동한 현장 중심의 e-비즈니스를 실현, 기업 경쟁력 강화 지원	
		단위업무	유통, 물류관리, 제조, 재고관리	
46	아이티 엔씨	솔루션명	Envic	자체 개발
		제품개요	생산관리와 일반관리 전반에 걸친 토탈 경영관리 시스템	
		적용업종	제조업(자동차 부품, 전자, 기타 제조)	
47	안건 ITS	솔루션명	I-PARTNER	자체 개발
		제품개요	경영정보시스템 구축 및 전사적자원관리 지원	
		적용업종	인사, 급여, 회계, 영업, 자재, 생산, 경영분석	
48	에이 에스비	솔루션명	APCS	자체 개발
		제품개요	실무경험을 보유한 전문가들이 개발한 한국형 ERP	
		적용업종	중소제조업체	
		단위업무	생산, 영업, 구매, 자재, 무역, 인사, 급여, 회계관리	
49	에프원	솔루션명	eZ-ERP	자체 개발
		제품개요	30인 미만의 소규모 업체대상의 ERP로 최소한의 커스터마이징비용으로 구축 가능한 보급형 ERP	
		적용업종	제조업	
		단위업무	수주, 발주, 생산, 판매관리, 입고, 재고	
50	에프원	솔루션명	EBNS-ERP	자체 개발
		제품개요	30인 이상의 중소기업 대상 ERP로 업체별, 업무별 프로세스 최적화가 가능하며 종합적인 경영정보 제공	
		적용업종	제조업	
		단위업무	판매, 생산, 자재, 구매관리, 인사, 회계, 원가, 품질관리	

NO	회사명	내용		개발구분
51	여기로 정보 시스템	솔루션명	3s ERP	자체 개발
		제품개요	통합전산화 지원 ERP 솔루션	
		적용업종	제조업	
		단위업무	영업, 생산, 자재, 품질	
52	영림원 소프트랩	솔루션명	K-system 2000	자체 개발
		제품개요	Window2000 기반 3Tier구조의 ERP 프로그램으로 생산, 영업, 회계, 인사, 급여, 운영관리 등 전 업무 지원	
		적용업종	제조, 의료, 무역, 유통, 자동차, 통신 등	
		단위업무		
53	예스 네트	솔루션명	yestr@ERP	자체 개발
		제품개요	웹(Web) 환경의 ERP 시스템	
		적용업종	제조업, 건설업	
		단위업무	회계, 국내영업, 해외영업, 통판영업, 생산, 공정, 구매, 계획, 인사, 급여, BOM관리, 시스템 관리	
54	원제로 소프트	솔루션명	ERPIA	자체 개발
		제품개요	인사, 급여, 회계, 영업, 생산, 자재관리 등 전사적 자원관리시스템	
		적용업종	제조업(전자, 전기, 섬유, 피혁, 반도체 장비 등)	
55	인버스	솔루션명	E-ERP	자체 개발
		제품개요		
		적용업종		
		단위업무	재무회계, 고정자산, 인사급여, 원가관리, 자재관리, 영업관리, 생산관리, 무역관리	
56	지앤텍	솔루션명	VISION21	자체 개발
		제품개요	기업의 인사, 물류, 회계 등 모든 분야의 기능들의 관리와 통제를 최적화하며, 정보 흐름의 모든 단계를 디지털화하여 효율적인 자원관리 구축 지원	
		적용업종	모든 업종	
		단위업무	인사, 급여, 회계, 원가, 영업, 자재, 품질, 생산, 무역, 경영자 정보	

NO	회사명	내용		개발 구분
57	지앤텍	솔루션명	@VISION21	자체 개발
		제품개요	자바(JAVA) 기반의 객체지향형 웹(Web) ERP로 별도의 시스템을 설치하여 인터넷으로 접속해 사용하는 ASP Type과 인터넷을 기반으로 국내외에서 분포된 사업장을 관리하기 위해 기업 내 전산 시스템에 설치하여 인터넷 환경으로 확장될 수 있는 STAND Alone의 2가지 형태로 도입 가능	
		적용업종	모든 업종	
		단위업무	인사, 급여, 회계, 원가, 영업, 자재, 품질, 생산, 무역, 경영자정보	
58	전인 시스템	솔루션명	ROM21 ENTERPRISE	자체 개발
		제품개요	사내업무의 표준화와 프로세스의 개선을 지원하는 솔루션	
		적용업종	제조업 전반, 유통	
		단위업무		
59	지에스 아이넷	솔루션명	O4okERP	자체 개발
		제품개요	웹 기반 건설 통합 솔루션(O4okERP)	
		적용업종	건설	
		단위업무	공사관리, 분양관리, 자재관리, 인사급여, 영업관리, 재무관리	
60	캐드앤 소프트	솔루션명	ProERP MD V2.0	자체 개발
		제품개요	대기업 및 중견업체 기업용 ERP로 수주산업에 적합	
		적용업종	조선, 플랜트, 교량 건설	
		단위업무	설계, 자재, 생산, 품질, 인사, 급여 등	
61	캐드앤 소프트	솔루션명	ProERPLTV2.0	자체 개발
		제품개요	중소기업용 ERP로 수주산업에 적합	
		적용업종	FA, 조선 기자재	
		단위업무	설계, 자재, 생산, 원가, 품질, 인사, 급여, 회계 등	

NO	회사명	내용		개발 구분
62	케미스	솔루션명	YES!ERP	자체 개발
		제품개요	C/S 환경 통합 경영정보 시스템	
		적용업종	제조, 조립, 사출, 판금, 유통 등	
		단위업무		
63	케미스	솔루션명	YES!ERP Plus	자체 개발
		제품개요	웹(Web), C/S 환경 통합 경영정보시스템	
		적용업종	언론, 출판, 제조, 조립, 사출, 판금, 유통 등	
		단위업무		
64	케미스	솔루션명	YES!eERP	자체 개발
		제품개요	웹(Web) 환경 통합 경영정보시스템	
		적용업종	언론, 출판, 제조, 조립, 사출, 판금, 유통 등	
		단위업무		
65	케이 아이 에스	솔루션명	KIS-ERPⅡ	자체 개발
		제품개요	C/S 환경에서 조립업종에 적합한 ERP	
		적용업종	조립(전기·전자·자동차 부품), 철강	
		단위업무	인사, 급여, 회계, 구매, 영업	
66	케이 아이 에스	솔루션명	Tex-ERPⅡ	자체 개발
		제품개요	C/S 환경에서 섬유업종에 적합한 ERP	
		적용업종	섬유	
		단위업무	인사, 급여, 근태, 회계, 구매, 영업 등	
67	케피스	솔루션명	KC-ERP	자체 개발
		제품개요	중소기업용 자원관리 솔루션	
		적용업종	자동차 부품 제조	
		단위업무		
68	코인텍	솔루션명	Eagle	자체 개발
		제품개요	중소·중견 기업을 위한 100% 웹기반 ERP 솔루션	
		적용업종	자동차 부품, 기계, 섬유, 정밀화학 등	
		단위업무		

<table>
<tr><th>NO</th><th>회사명</th><th colspan="2">내용</th><th>개발 구분</th></tr>
<tr><td rowspan="4">69</td><td rowspan="4">퀘스트 정보 기술</td><td>솔루션명</td><td>QPCS</td><td rowspan="4">자체 개발</td></tr>
<tr><td>제품개요</td><td>제조업 분야 전문 ERP</td></tr>
<tr><td>적용업종</td><td>기계조립, 기계가공, 조선기자재, 부품가공 등</td></tr>
<tr><td>단위업무</td><td></td></tr>
<tr><td rowspan="5">70</td><td rowspan="5">투윈 테크 놀리지</td><td>솔루션명</td><td>2WinERP</td><td rowspan="5">자체 개발</td></tr>
<tr><td>제품개요</td><td>종합건설ERP</td></tr>
<tr><td>적용업종</td><td>건설, 토목공사, 자재, 재무, 인사, 현장, 분야, 임대, 영업</td></tr>
<tr><td>적용업종</td><td></td></tr>
<tr><td>단위업무</td><td></td></tr>
<tr><td rowspan="4">71</td><td rowspan="4">투윈 테크 놀리지</td><td>솔루션명</td><td>2WinERP(기본)</td><td rowspan="4">자체 개발</td></tr>
<tr><td>제품개요</td><td>시행사 전문 ERP</td></tr>
<tr><td>적용업종</td><td>건설 시행</td></tr>
<tr><td>단위업무</td><td>분양, 재무, 인사, 영업</td></tr>
<tr><td rowspan="4">72</td><td rowspan="4">트러 스트</td><td>솔루션명</td><td>Toms</td><td rowspan="4">자체 개발</td></tr>
<tr><td>제품개요</td><td>소규모 제조업체의 ERP</td></tr>
<tr><td>적용업종</td><td>모든 업종</td></tr>
<tr><td>단위업무</td><td>영업, 생산, 구매, 자재</td></tr>
<tr><td rowspan="4">73</td><td rowspan="4">파라 테크 놀리지</td><td>솔루션명</td><td>Para.ERP</td><td rowspan="4">자체 개발</td></tr>
<tr><td>제품개요</td><td>공장 자동화 부분이 접목된 전사적 자원관리시스템으로 Agent 및 Drill Down 기능이 포함</td></tr>
<tr><td>적용업종</td><td>제조업</td></tr>
<tr><td>단위업무</td><td>회계, 구매, 자재, 영업, 생산, 인사, 급여 등</td></tr>
<tr><td rowspan="4">74</td><td rowspan="4">피코 소프트</td><td>솔루션명</td><td>MyASP</td><td rowspan="4">아이티 엠과 공동 개발</td></tr>
<tr><td>제품개요</td><td>부품제조업에 적합한 한국형 ERP로 ASP형태로 서비스</td></tr>
<tr><td>적용업종</td><td>부품제조업</td></tr>
<tr><td>단위업무</td><td>물적자원 관리, 재무자원 관리, 인적자원 관리</td></tr>
</table>

NO	회사명	내용		개발 구분
75	평화 정보 시스템	솔루션명	TOMISⅢ, BizMate	
		제품개요	섬유제조용 ERP	
		적용업종	섬유제조(염가공, 나염, 편직)	
		단위업무	실험, 생산, 영업, 경영, 인사, 회계 등	
76	피컴스	솔루션명	ErplWeb-master	자체 개발
		제품개요	관광・레저산업 분야 전문, 웹기반 ERP 솔루션, 기본형 ERP 패키지	
		적용업종	관광, 레저	
		단위업무	영업, 관리업무 총괄	
77	피컴스	솔루션명	erpHotelier	자체 개발
		제품개요	관광・레저 산업분야 전문, 웹기반 ERP 솔루션, 고급형 ERP 패키지	
		적용업종	관광, 레저	
		단위업무	영업, 관리업무 총괄	
78	하나 정보 기술	솔루션명	Hana PRO-ERP 시스템	자체 개발
		제품개요	조선 기자재 중소기업체 공급 시스템 솔루션	
		적용업종	밸브, 배관, 기자재, 기계가공	
		단위업무		
79	한국 비즈텍	솔루션명	COC' S-Ⅰ, COC' S-Ⅱ	자체 개발
		제품개요	건설 통합 시스템(종합・전문 건설사)	
		적용업종	건설	
		단위업무	인사, 급여, 재무, 회계, 자재, 영업	
80	한국 정보 마스타	솔루션명	SMART-ERP	자체 개발
		제품개요	중소기업용 ERP 프로그램	
		적용업종	무역, 제조	
81	한국 하이 네트	솔루션명	인프라 e-ERP	자체 개발
		제품개요	중소중견 기업의 수주, 생산, 출하까지의 체계를 근간으로 모듈화하여 모듈별 도입에서 통합시스템 구축까지 모두 가능	
		적용업종	제조, 기계제조, 전자조립, 화학 등	
		단위업무		

NO	회사명	내용		개발 구분
82	한국 하이 네트	솔루션명	인프라 PRP2000	자체 개발
		제품개요	대기업 및 중견기업용으로 국내 법규체계 및 거래관행을 반영하여 외산 ERP와 달리 시스템의 기능 개선이나 추가 개발 불필요	
		적용업종	제조	
83	한맥 인포텍	솔루션명	Han-ERP	자체 개발
		제품개요	중소기업 표준형 ERP 시스템	
		적용업종		
		단위업무	인사, 급여, 회계, 생산, 영업, 구매, 판매, 재고, 자재관리	
84	한샘 정보 시스템	솔루션명	MESTIS	자체 개발
		제품개요	철강·금속 업종에 적합한 ERP 솔루션	
		적용업종		
		단위업무	급여, 구매, 판매, 회계, 생산, 재고관리	
85	해성 정보 통신	솔루션명	Easy-ERP	자체 개발
		제품개요	양산형 제조업체에 적합한 ERP 시스템	
		적용업종	전자부품, 주물, 조립완제품	
		단위업무		
86	해정 시스템	솔루션명	AD-ERP	자체 개발
		제품개요	광고대행사를 위한 시스템으로 인사, 회계, 매체, 제작관리의 4개 모듈로 구성	
		적용업종	광고대행사	
		단위업무	인사, 회계, 매체, 제작관리	
87	현세 시스템	솔루션명	Best ERP	자체 개발
		제품개요	중소기업용 통합정보시스템	
		적용업종	자동차 부품, 전자	
88	형상과 컴퓨터	솔루션명	Web ERP 시스템	자체 개발
		제품개요	본사, 공장간 인터넷망을 이용하여 지원하는 ERP	
		적용업종	유통, 제조	
		단위업무	구매, 자재, 생산, 영업, 무역, 품질	

NO	회사명	내용		개발 구분
89	회계와 컴퓨터	솔루션명	ASTRO2000	자체 개발
		제품개요	중소기업뿐만 아니라 대기업을 위한 ERP로 각 모듈은 타사의 자재관리, 영업관리, 인사급여 관리 SW와 연동 가능	
		적용업종	모든 업종	
		단위업무	판매관리, 구매관리, 재고관리, 생산관리, 원가계산	
90	KAT 시스템	솔루션명	카리스마 Web	자체 개발
		제품개요	서버 없이 C/S 환경과 웹 환경에서 동시 구현 가능한 ERP 솔루션	
		적용업종		
		단위업무	회계, 영업, 어음, 자산, 생산, 외주, 재고, 인사, 급여, 경영분석 등	
91	케이엠 정보 기술	솔루션명	KM ERP	자체 개발
		제품개요	자동차 및 반도체 제조업체에 적합한 솔루션	
		단위업무	회계, 인사, 급여, 영업, 자재, 구매, 생산, 품질, 무역 등	
92	중앙 정보 처리	솔루션명	IsERP	자체 개발
		제품개요	중소기업용 한국형 ERP 시스템	
		적용업종	제조, 유통, 조립, 가공, 금속, 의류	
93	타키온 소프트	솔루션명	Tachyon ERP	자체 개발
		제품개요	제조업 통합 ERP 시스템	
		적용업종	전자부품, 조립 반도체	
94	타키온 소프트	솔루션명	Tachyon iERP	자체 개발
		제품개요	제조, 섬유, 제약 업종의 웹기반 ERP 시스템	
		적용업종	전자부품 조립, 반도체, 섬유업, 제약업	
95	인성 정보	솔루션명	ERP Plus	Power –Cerv
		제품개요	확장 ERP 솔루션	
		적용업종	제조업, 유통업	
		단위업무	생산관리, 구매관리, 판매관리, 재고관리, 인사관리, 급여관리, 회계관리	

NO	회사명	내용		개발 구분
96	통일 정보 시스템	솔루션명	SynERP	자체 개발
		제품개요	전 부문 시스템이 상호 연동되는 경영자원 통합 관리시스템	
		단위업무	기준정보 관리, 생산계획 관리, 자재소요 관리, 공정관리, 프로젝트 관리, 구매관리, 인사관리, 회계관리, 원가관리, 품질관리, 재고관리, 경영 정보관리	
97	TMS KOREA	솔루션명	RED	자체 개발
		제품개요	BPR을 실현하고 전사적인 자원을 일원화시킴으로써 생산성 극대화를 실현함	
		적용업종	제조업, 선박수리업, 신용품 공급업체, 유통업, 조선기자재	
		단위업무	주문관리, 수발주 관리, 자재관리, 생산관리, 설비관리, 영업관리, 유통관리	
98	하나 소프트	솔루션명	HANA ERP	자체 개발
		제품개요	중소기업의 생산에 관련된 구매와 자재 투입, 생산관리, 판매, 회계, 인사 등의 기업활동 전반의 업무를 통합 운영하는 ERP	
		적용업종	제조업	
		단위업무	경영정보, 영업관리, 개발관리, 생산관리, 구매관리, 자재관리, 회계관리, 품질관리, 무역관리, 원가관리, 인사관리	
99	아이티 벤처	솔루션명	Speed ERP	자체 개발
		제품개요	국내 중견기업에 구축사례가 있는 한국형 ERP	
		적용업종	제조, 유통 서비스	
		단위업무	생산, 구매, 회계, 인사, 영업, 물류	
100	한국 오라클	솔루션명	Oracle Applications	오라클
		제품개요	재무 및 프로젝트 비용관리의 기능성 측면과 생산 부문에서의 비용구조 관리에 장점이 있으며, 전체적으로 광범위한 수평 기능성을 제공	
		단위업무	재무, 공급망 관리, 제조, 프로젝트, 인사, 시장관리, 응용기술	

<table>
<tr><th>NO</th><th>회사명</th><th colspan="2">내용</th><th>개발 구분</th></tr>
<tr><td rowspan="4">101</td><td rowspan="4">SAP 코리아</td><td>솔루션명</td><td>SAP R/3</td><td rowspan="4">SAP</td></tr>
<tr><td>제품개요</td><td>12개의 기본적인 비즈니스 모듈로 구성되어 넓은 분야에서 매우 다양한 기능을 제공하며, 프로세스와 데이터의 모델링을 위하여 SAP R/3 Reference 모델을 제공하며, 추가적인 개발도구로 ABAP/4언어를 제공</td></tr>
<tr><td>적용업종</td><td></td></tr>
<tr><td>단위업무</td><td>회계, 물류, 공통, 인사 등</td></tr>
<tr><td rowspan="4">102</td><td rowspan="4">LG 히다찌</td><td>솔루션명</td><td>e-Pro ERP</td><td rowspan="4">자체 개발</td></tr>
<tr><td>제품개요</td><td>중소기업을 위한 통합 애플리케이션</td></tr>
<tr><td>적용업종</td><td>제조, 금융, 유통, 서비스</td></tr>
<tr><td>단위업무</td><td></td></tr>
<tr><td rowspan="3">103</td><td rowspan="3">SSA GT 코리아</td><td>솔루션명</td><td>BPCS</td><td rowspan="3">SSA GT</td></tr>
<tr><td>제품개요</td><td>제조산업 전문 ERP 솔루션으로 생산관리, 영업물류 관리, 기업회계 관리의 3개 suite 50개 제품으로 구성</td></tr>
<tr><td>적용업종</td><td>제약, 화학, 소비재, 식음료, 전기, 전자 등</td></tr>
<tr><td rowspan="3">104</td><td rowspan="3">Baan Korea</td><td>솔루션명</td><td>Baan Ⅳ</td><td rowspan="2">Baan Company</td></tr>
<tr><td>제품개요</td><td>업종별 자체 Target Enterprise Meth-odology를 통한 구축관리 지원시스템, 구축기간을 단축시키는 Dynamic Ente-rprise Modeler, 복수의 생산 형태가 혼재하는 환경에서는 손쉬운 전환을 가능하게 하는 Customer Order Decoupli-ng Point를 강조</td></tr>
<tr><td>적용업종</td><td>복합형 제조, 자동차, 전기, 전자, 중기계 및 프로젝트성 산업</td><td rowspan="5">자체 개발</td></tr>
<tr><td rowspan="4">105</td><td rowspan="4">비디에스 인포컴</td><td>솔루션명</td><td>ERP-MAN Digital</td></tr>
<tr><td>제품개요</td><td>대기업, 중소기업의 ERP 솔루션으로 기준정보에서 영업생산까지 일관된 프로세스를 구비</td></tr>
<tr><td>적용업종</td><td>전기, 전자, 기계, 금속 등 조립가공업체</td></tr>
<tr><td>단위업무</td><td></td></tr>
</table>

NO	회사명	내용		개발 구분
106	비디에스 인포컴	솔루션명	ERP-MAN Enterprise	자체 개발
		제품개요	중소업체의 ERP	
		적용업종	전기, 전자, 기계, 금속 등 조립가공업체	
		단위업무		
107	비디에스 인포컴	솔루션명	ERP-MAN Enterprise	자체 개발
		제품개요	종합건설업체의 ERP로 재무, 인사, 공가, 현장 등 웹(Web) 솔루션	
		적용업종	종합건설 모든 업종, 콘도, 골프장 등	
		단위업무		
108	아이티엠 이알피	솔루션명	Itemerp	자체 개발
		제품개요	국내 최초의 Web ERP, QMS, QCM 개발완료	
		적용업종	모든 제조업체	
109	뉴 비즈니스 시스템	솔루션명	Plug&Go ERP1	자체 개발
		제품개요	제조회사의 기간업무를 C/S 환경 또는 Web 환경에서 통합 운영할 수 있는 중소기업용 ERP 시스템	
		적용업종	제조 모든 업무	
110	뉴 비즈니스 시스템	솔루션명	Plug&Go ERP2	자체 개발
		제품개요	제조회사의 기간업무 및 e-비즈니스까지 기업의 모든 업무 프로세스를 통합 운영할 수 있는 중견기업용 ERP 시스템	
		적용업종	제조 모든 업무	
111	뉴소프트 기술	솔루션명	B2B ERP	자체 개발
		제품개요	기업간 전자상거래 중심의 확장형 ERP	
		적용업종	전기, 전자업종 매출액 150억원 미만	
112	뉴소프트 기술	솔루션명	UniLITE	삼성SDS 공동 개발
		제품개요	업무 중심의 모듈로 기업 전문 ERP	
		적용업종	전기, 전자업종 매출액 150억원 미만	
113	뉴소프트 기술	솔루션명	SMERP	대한 상의 (판권)
		제품개요	중소기업 IT화 지원을 위한 공식 ERP	
		적용업종	전기, 전자업종 매출액 150억원	

NO	회사명	내용		개발 구분
114	마패 정보	솔루션명	MAPAE-V	자체 개발
		제품개요	ERP 업종별 Model Solution	
		적용업종	연 매출 300억~2조원 기업	
115	마패 정보	솔루션명	MAPAE-M	자체 개발
		제품개요	ERP Small&medium 패키지	
		적용업종	중견/중소기업	
116	마패 정보	솔루션명	MAPAE-	자체 개발
		제품개요	ERP ASP Service	
		적용업종	중견/중소기업	
		단위업무		

중소기업을 위한 ERP

전사적 자원관리

요점 정리

1 ERP 개요

- 전사적 자원관리라 불리는 **ERP**는 모듈(module)이라고 하는 수많은 구성요소들로 이루어져 있으며, 이들 구성요소들은 독립적으로 존재하지 않고 서로 상호작용을 주고받는다. ERP에 대하여 간단히 설명하면 모든 업무에서 발생하는 데이터를 주고받으며, 인적·물적 자원을 효율적으로 활용해 하나로 통합된 기업을 구현해주는 시스템이라고 할 수 있다.

- **ERP의 발전과정:** MRP(자재소요계획) → MRP II(생산자원계획) → ERP(전사적 자원관리) → 확장형 ERP

- ERP는 1980년대에 기업의 원활한 수주관리·판매관리를 위해 제안된 MRP의 개념이 점차 발전되어, 제조·물류·영업·인사·회계 등 기업의 전반적인 기능을 통합 관리하고, 조직이나 기업 간에 상호 필요 정보를 통합적으로 주고받으며 활용되는 전사적 정보시스템으로 전개 발전된 것이다.

- **ERP의 기능적 특성**
  ① 전체 프로세스 관점의 통합정보시스템
  ② 표준 업무프로세스(Best Practice)
  ③ 그룹웨어와의 연동
  ④ 확장 및 연계성을 위한 개방형 시스템
  ⑤ 경영자정보의 제공
  ⑥ 다중언어, 다중통화 지원 가능
  ⑦ EDI(Electronic Data Interchange: 전자문서교환)와의 연계

- **EDI(Electronic Data Interchange: 전자문서교환):** 기업 간 거래에 관한 데이터와 문서를 표준화하여 통신망으로 거래 당사자가 직접 전송·수신하는 정보전달 시스템이다. ERP 시스템에서 EDI를 연계시킨다면 거래처와 주고받는 모든 문서가 EDI를 통해 접수됨과 동시에 자동적으로

ERP 시스템과 연계되기 때문에 업무처리의 신속성과 정확성, 표준화를 가질 수 있게 된다.

- **그룹웨어(Groupware):** 기업이나 기관, 단체의 구성원들이 컴퓨터로 연결된 작업장에서 서로 협력하여 업무효율을 높이기 위해 사용하는 소프트웨어이다.

- ERP의 업무프로세스는 원장형 데이터베이스라고 하는 중앙의 데이터베이스를 중간매개로 하여 기업 활동 전반에 걸쳐 통합되어 있다. 원장형 데이터베이스는 하나의 정보는 한번만 입력되고, 입력된 정보는 가공하지 않은 데이터로 어느 업무에서나 참조할 수 있도록 데이터베이스에 보관된다.

- **ERP 시스템 도입효과**

  ① 제공된 표준 프로세스를 이용한 손쉬운 기업정보시스템 구축
  ② 강력한 OLAP(On-Line Analytical Processing) 기능을 통한 계획, 실적에 대한 분석으로 경영자의 정확한 의사결정 지원
  ③ 통계적 수치 및 자료에 의한 시뮬레이션을 이용한 기업환경의 변화에 사전 대처
  ④ 수요예측 및 생산계획, 납품일정계획을 통한 고객 서비스 증대
  ⑤ 업무의 표준화, 자료의 표준화에 의한 시스템 통합으로 정보의 일관성 유지, 관리의 중복 배제, 업무 능률 향상
  ⑥ 기업경쟁력의 확대
  ⑦ 글로벌 경영체제 대응
  ⑧ 신속하고 정확한 경영지표 정보 취득
  ⑨ 투명 경영, 투명한 생산관리를 통한 지속적인 비즈니스 프로세스 개선
  ⑩ 자동 자재발주, 최적의 생산계획에 의한 최저원가의 생산 등 생산성 향상

- **ERP 구축과 관련된 과제 및 고려사항**
  ① 현재의 업무방식을 그대로 고수하지 말라.
  ② 사용자의 편의성과 효율적인 운영을 고려하라.
  ③ ERP에 대한 환상을 버려라.
  ④ 사전 준비를 철저히 하라.
  ⑤ IT 중심의 패키지 도입 프로젝트로 추진하지 말라.
  ⑥ 프로젝트 관리자, 팀 구성원의 자질과 의지를 충분하게 키워라.
  ⑦ 단기간의 효과 위주로 구현하지 말라.
  ⑧ 기존 업무에 대한 고정관념에서 ERP를 보지 말라.
  ⑨ 프로젝트 팀 멤버를 현업중심으로 구성하라.
  ⑩ 최고경영층을 프로젝트에서 배제하지 말라.

- 전통적 **ERP**와 **ERP II**의 비교

구 분	기존 **ERP**	**ERP II**
역할	기업 내 비즈니스 최적화	공급체인 최적화
적용분야	제조 및 물류분야 기업	전체 산업
프로세스	기업 내부	기업 외부 거래업체
아키텍쳐	폐쇄형, 일반형	웹 기반, 개방형
데이터	내부적으로 생성·소비	내부와 외부에서 활용가능

- ERP 도입의 성공여부는 **BPR을 통한 업무개선이 중요**하며, BPR은 주요 성과의 극적인 개선을 위해 업무 프로세스를 급진적으로 재설계하는 것으로 정의할 수 있다.

- 중소규모의 기업들이 **ERP** 시스템 구축 시 고려사항
  ① ERP 패키지에서 응용프로그램들 사이의 밀접한 통합성
  ② 관리 용이성(Manageability)
  ③ 구축의 용이성(Ease of implementation)
  ④ 자원과 서비스의 근접성(Local support and service)
  ⑤ 산업별 전문화 시스템(Vertical market focus)

2 ERP와 BPR

- **BPR(Business Process Reengineering)의 정의:** BPR은 기존의 업무처리 방식을 무시하고 품질, 비용, 속도, 서비스 측면에서의 극적인 개선을 성취하기 위해서 업무 프로세스를 근본적으로 다시 생각하고 정보기술 중심으로 새롭게 재설계하는 것

- **BPR의 3대 요소:** 사람, 프로세스, 기술

- **BPR에 대한 필요성을 항목별로 요약・열거하면 다음과 같다.**
  ① 국제화, 개방화, 규제완화 등으로 인한 경쟁격화, 변화의 일상화
  ② 새로운 법적, 경제적 환경으로 인한 투명경영, 가치경영의 요구
  ③ 정보기술의 급격한 발전으로 인한 새로운 기회 모색
  ④ 기업철학의 변화 즉, 통제 및 효율성보다 서비스의 품질, 속도, 비용을 중시하고 고객 중심적인 사고로 변화
  ⑤ 소비자 욕구의 급격하고 다양한 변화
  ⑥ 부서 간 접촉/의사소통에 소요되는 기업운영상의 간접비용 증가
  ⑦ 보다 많은 신상품의 출현
  ⑧ 기업의 경영혁신 노력
  ⑨ 신기술의 신속한 채택, 적용, 발전

- **BPR의 일반적인 기대효과**
  ① 고객서비스의 증대
  ② 원가절감
  ③ 사이클 타임 절감 및 프로세스의 유연성 강화
  ④ 새로운 제품에 대한 시장유입의 기간 감소
  ⑤ 더 좋은 상품과 서비스 품질 강화

- **BPR이 실패하게 되는 경우**
  ① 프로세스에 초점을 두지 않는 경우

② 프로세스를 기본적으로 변화시키지 않고 고치려 하는 경우
③ 프로세스 재설계 이외의 모든 것을 무시하는 경우
④ 조직구성원들의 가치나 신념을 무시하는 경우
⑤ 작은 성과에 안주해 너무 빨리 포기해버리는 경우
⑥ 너무 많은 프로세스를 한꺼번에 고려하는 경우
⑦ 사전에 미리 문제나 BPR 활동의 범위에 제약을 두는 경우
⑧ 어느 누구도 불이익을 당하지 않도록 하면서 BPR 추진 시
⑨ BPR에 의한 변화에 거부반응을 보이면 중단하는 경우
⑩ 프로세스 설계에만 집착하고 실행하는 데는 무관심한 경우
⑪ 기업문화나 경영자의 태도가 BPR을 시작도 못하게 하는 경우
⑫ BPR이 밑에서부터 위로 일어나도록 유도하는 경우
⑬ BPR에 대한 이해가 결여된 사람이 책임자가 된 경우
⑭ BPR을 위해 필요한 자원의 투입에 인색한 경우
⑮ BPR을 다른 업무개선기법들과 구부하지 못하는 경우

• **BPR과 연계한 ERP 도입 전략**

① 기존 업무처리 관행에 따라 ERP 패키지를 수정
② BPR 실시 이후, 이에 맞도록 ERP를 도입
③ 도입 병행
④ ERP 패키지에 맞추어 BPR 추진

3 ERP 패키지 소개 및 구성체계

• **인사/급여관리 시스템:** 인적 자원의 효율적 관리를 통한 가치 창출을 궁극적인 목표로 개발되었으며, 인재의 채용에서 퇴직까지의 전 과정을 체계적으로 관리함으로써 조직의 시너지를 극대화할 수 있도록 지원하는 시스템이다.

• **자재/구매관리:** 필요한 물자를 조달하기 위하여 구매요청, 구매승인 발

주 등을 수행할 수 있도록 지원하는 시스템이다.

- **생산관리 시스템:** 납기를 맞추고 과잉 재고를 최소화하며, 최적의 공정 관리 솔루션을 제공하여 원가절감의 도구를 제공한다.
- **영업관리 시스템:** 영업사원이 자사제품/상품의 재고현황을 쉽게 파악할 수 있도록 하며, 재고관리자는 미납현황과 생산일정에 따른 입고 예정 정보, 반품정보 등을 관리할 수 있도록 지원하는 시스템이다.
- **재무/회계관리 시스템:** 좁게는 사내에서 발생하는 거래 및 일반경비를 집계하여 자산, 부채, 자본 등 재무상태의 관리에서부터 넓게는 각종 장부를 통하여 경영성과 파악 및 신규 의사결정을 하기 위한 중역정보 시스템의 기초 데이터로 활용하는 기반을 제공한다.
- **OLAP(On-Line Analytical Processing):** 최종 사용자가 데이터베이스에 직접 접근하여 대화식으로 정보를 분석하고 의사결정에 활용하는 과정이다.
- **데이터 웨어하우스(Data Warehouse):** 사용자의 의사 결정에 도움을 주기 위해 다양한 운영 시스템에서 추출, 변환, 통합되고 요약된 데이터베이스로, 데이터 웨어하우스를 이용함으로써 고객의 구매 동향, 신제품에 대한 반응도, 제품별 수익률 등 세밀한 마케팅 정보를 획득할 수 있다.
- **커스터마이징**이란, 고객의 요구에 맞는 맞춤형 제품을 제공하는 것을 말한다. 혹은, 타사의 솔루션을 가져와 자사의 제품 등의 환경에 맞게 수정하는 것 또한 커스터마이징이라고 한다.

4 확장형 ERP란 무엇인가?

- **SCM**은 공급체인 내 업체들이 고객가치를 제고하기 위해 구매, 생산, 유통기능을 통합적인 개념으로 접근하는 방식이다. 이는 최소의 비용으

로 최소의 시간을 들여 수주에서 고객납품까지의 모든 활동을 효율적으로 실행하고자 하는 경영관리 기법이다.

- **채찍효과(Bullwhip Effect):** 공급사슬에서 최종소비자로부터 멀어질수록 수요와 재고의 불안정이 확대되는 현상을 말한다. 이것으로 인해 공급사슬상의 가장 마지막 단계인 고객으로부터 주문 및 수요형태의 변동에 관한 정보가 도매상, 물류센터 등의 공급망을 거치면서 정보의 왜곡이 심화되고 과잉재고, 납기일 지연 및 결품 등의 문제가 발생한다.
- **안전재고:** 일반적으로 수요와 공급의 변동에 따른 불균형을 방지하기 위해 유지하는 계획된 재고 수량 주 생산 계획 환경에서는 예측 잘못이나 잦은 계획 변경에서 비롯된 문제점을 방지하기 위해 추가로 재고나 생산 능력을 계획할 수 있는 재고를 말한다.
- **e-비즈니스:** 정보교환과 지식관리를 가능하게 하고 촉진하는 기술을 활용하여 거래활동, 사업활동, 가치활동을 실행하고 이들 활동의 기반이 되는 의사결정을 지원함으로써 비즈니스 목표를 달성하기 위한 접근법이다.
- **SCM의 등장배경**
  ① 정보기술의 발전, 시장의 글로벌화 등 기업을 둘러싸고 있는 경영환경의 변화에 대처하기 위한 수단으로 부각되었다.
  ② 과거 공급업체 중심의 생산체제에서 기업의 경쟁력을 강화하기 위한 수단으로는 사내 생산 효율화가 주를 이루었으나, 오늘날과 같이 소비자 중심의 생산체제에서는 기업에 대한 고객의 기대치가 커지면서 정보의 공유, 원활한 의사소통 등 과 같이 고객의 요구사항을 적극 수용하지 않으면 안 된다.
  ③ 과거의 생산성향상과 원가절감 그리고 사내 정보의 통합화와 같은 전통적 개념의 생산 효율화 기법들은 더 이상 기업에게 경쟁우위를 가져다주지 못한다.
  ④ 현재와 같이 물류비용이 꾸준히 증가하는 상태에서는 기업 내 최적

화를 통해 경쟁력 강화를 기대하기는 어렵다.

- **CRM(Customer Relationship Management: 고객관계관리):** 고객에 대한 정확한 이해를 바탕으로 고객이 원하는 상품과 서비스를 지속적으로 제공함으로써 고객을 오랫동안 유지시키고 결과적으로 고객의 평생가치를 극대화시켜 수익성을 높일 수 있는 시스템.

- **CRM의 등장배경**

  ① 시장의 규제완화로 인해 새로운 시장으로의 진입 기회가 늘어나고 있다. 그로인해 동종 업계에 경쟁사가 많아지고 있으며, 대체될 상품과 서비스가 많아지면서 구매자 중심의 시장으로 변화 하였다.

  ② 고객들은 각자에 맞는 상품과 서비스를 찾기 때문에 기업들은 예전과 같이 고객을 동질적 집단으로 간주하고 무차별적으로 공략하는 마케팅에 더 이상 의존 할 수 없게 되었다.

  ③ 시장 상황에서 고객에 대한 정보를 바탕으로 고객을 세분화하여 기존고객과의 관계를 강화해야 할 필요성이 대두되었다. 가장 중요한 변혁의 원인은 인터넷의 등장으로 CRM은 더욱 중요한 위치를 차지하게 되었다. 사람의 간섭을 최소화 하면서 다수의 고객에 대한 정확한 정보를 얻을 수 있게 되어 마케팅의 개인화가 보다 용이하게 구현된 것이다.

- **CRM의 중요성과 목적**

  ① 이탈 고객의 발생원인 파악

  ② 상품의 연계 판매 기회 마련

  ③ 채널의 효율화에 따른 이윤 극대화

  ④ 가망 고객 추출 방안 모색

  ⑤ 고객 세분화에 의한 고객 대응

  ⑥ 업력 및 생산성 향상

5 ERP 실무활용

- **JIT의 기본개념:** JIT는 불필요한 낭비를 없앤다는 철학에 근거를 두고 있다. JIT에서는 생산현장에서 없애야 할 낭비의 원인과 상태를 철저히 분석하고 있으며 모든 종업원들에게 철저한 교육을 통한 이들의 제거에 지속적인 개선을 하는 것이다.

- **JIT시스템의 효과**는 다음과 같다.
  ① 리드타임의 단축
  ② 풀 시스템
  ③ 최소 로트 생산
  ④ 최소의 생산준비시간
  ⑤ 공급자와 긴밀한 협력
  ⑥ 평준화 생산
  ⑦ 다기능공
  ⑧ 자동화

- 구매부서는 기업의 30%~50%의 자금을 집행하는 부서로서 철저한 원가 개념과 신념으로 업무를 임하여야 기업에 이익을 줄 수 있다. 구매부서의 주요업무 기능은 다음과 같다.
  ① 자재 구매 전략(방침, 정책, 계획)과 총괄기능
  ② 원가기획과 제품별 재료원가 관리
  ③ 협력업체(거래처) 선정
  ④ 구매 계약조건의 설정
  ⑤ 구매단가의 결정
  ⑥ 발주(지급)관리
  ⑦ 납기관리
  ⑧ 협력사의 지원
  ⑨ 결재관리

- JIT시스템 도입 이후 기업들은 무재고, 무창고 시스템화 추세이다. 따라서 창고의 규모 축소를 추진하고 있다. 창고의 보관은 운전자금의 사장 및 관리비용의 부담을 갖고 있다.

- **창고관리의 책임과 권한**
  ① 협력업체에서 납품한 자재의 취급 및 보관, 보존
  ② 생산용 자재의 불출
  ③ 수입검사 부적합으로 판정된 반출 대기 자재의 보관
  ④ 공정 중에 부적합으로 판정된 반출 대기 자재의 보관
  ⑤ 생산종료 모델자재의 처분
  ⑥ 해외 도입품 중 통관 전 자재에 대한 보관 및 보존
  ⑦ 수입검사원에 의해 불합격 처리된 자재 반출
  ⑧ 공정 중에 발생된 불합격품의 자재 반출

- **창고관리의 절차**
  ① 수입 검사의뢰
  ② 입고
  ③ 불출
  ④ 보관 및 보존
  ⑤ 불합격 처리된 자재관리
  ⑥ 공정 불량품 대체관리
  ⑦ 취급

- **협력업체의 선정**은 선정 조건별로 평가해야만 하는 항목은 구매나 외주나 기본적으로 같다.
  ① 경영자가 일에 적합한 사람일 것
  ② 재무사항이 건전하며 자금조달이 원활한 기업
  ③ 종업원의 자질이 좋은 기업
  ④ 관리자의 태도가 유연한 기업
  ⑤ 설비, 기계가 비교적 새롭고 정리되어 있는 기업
  ⑥ 기술력이 적합한 기업

⑦ 노사 간의 분쟁이 없는 기업
⑧ 후계자가 육성되는 기업

- **재고란** 기업의 생산기능과 판매기능을 연결하는 물품의 흐름이 시스템 내의 어떤 지점에서 정체되어 있는 상태를 말한다. 즉, 생산에 투입된 원자재나 부품, 생산 공정내의 재공품 또는 반제품, 아직 팔리지 않은 완제품, 그 밖의 소모품 등을 일컫는다.

- **자재관리란** 시장 정보에 따른 정확한 수요예측에 접근하려는 분석으로 재고량 파악으로 부족한 만큼 보충할 소요량을 말한다. 합리적인 재고관리의 중요성은 다음과 같다.
  ① 진리의 중요성: 자재가 없으면 생산이 불가능하다.
  ② 품질의 중요성: 품질은 제품이 완성되어 소비자에게 전달된 이후에도 영향을 미친다.
  ③ 부식화 방지
  ④ 보관면적 및 공간의 유효화

- **재고(Inventory)**는 수요와 공급 간에 예상치 못했던 불규칙적인 변동이 심할 때 이를 조정하는 역할을 하며, 생산활동과 판매활동이 순조롭게 진행되도록 해주고, 간혹 가격변동으로 인한 이익을 얻기 위해서 사용되기도 한다. 그러나 재고는 과다하거나 부족하게 되는 경우 큰 손실을 가져다준다. 과잉재고는 자본을 사용하지 않고 묵히는 것을 의미하며 자본비용의 발생요인이 되며, 부족재고는 시장수요를 충족시키지 못함으로써 판매이익을 감소시키는 결과를 가져온다.

- 기업에 일반적으로 보유하게 되는 재고는 순환재고, 예상재고, 파이프라인 재고, 완충재고로 분류할 수 있다.
  ① 순환재고: 일시에 필요한 양보다 더 많이 주문하는 경우에 생기는 재고를 말한다.
  ② 안전재고: 안전재고는 시장수요와 조달기간이 불확실한 경우에 대비하여 보유하는 재고를 의미한다.

③ 예상재고: 계절적인 수요변동, 가격등급, 파업 등을 예상하고 이에 대비하기 위하여 보유하는 재고이다.

④ 파이프라인 재고: 운반 중에 있는 제품이나 공장의 생산 공정에서 가공하기 위해 이동 중에 있는 재공품을 말한다.

⑤ 완충재고: 재고에 관한 의사결정을 여러 곳으로 분산시키기 위해 보유하는 재고를 말한다. 공장에서 기계설비의 고장이나 사고에 대비하여 각 작업별로 보유하고 있는 재고 등이 이에 속한다.

- 재고관리의 가장 중요한 과제는 재고발생비용을 가능한 감소시키는 것이다. 재고발생비용은 다음과 같다.

① 재고유지비: 재고를 유지하고 보관하는데 소요되는 비용(보험료, 창고사용료, 도난에 의한 손실, 재고에 부과되는 세금)

② 주문비: 재고보충을 위한 주문과 관련하여 발생하는 비용(주문처리 및 촉진비, 통신료, 서류 작성비)

③ 준비비: 재고품을 외부에서 구매하지 않고 자체적으로 생산하여 조달하는 경우에 소요되는 생산준비비용(직접 노무비)

④ 재고부족비: 재고부족으로 인해 발생하는 비용(판매기회 및 고객의 상실로 인한 손실, 판매촉진비용)

- **MRP 계산의 기초정보:** 품목정보, BOM정보, 품목거래처 정보 등의 기초정보를 바탕으로 이루어지므로 해당 자료가 입력되어야 한다.

- **파레토의 법칙을 응용하여 재고의 가치와 제품 종류의 수에 따라 재고를 관리하는 방식 ABC 분석의 특징**은 다음과 같다.

① 재고관리기법중 하나로 매출액 비율은 높으면서 품목 수는 상대적으로 적은 품목들은 A품목으로, 매출액 비율은 낮으면서 품목 수는 상대적으로 많은 품목들은 C품목으로, 그리고 A와 C사이에 위치하는 품목들은 B품목으로 분류된다.

② A품목에 속하는 것들은 그 중요성이 매우 큰 품목들이므로 재고의 입/출고, 재고수준의 실사, 주문량의 결정 등에 상당한 주의를 기울여야 한다. 이에 반해 C품목은 매출액 비율이 상대적으로 낮은 저

가품목으로서 주문량의 확대에 따른 수송비의 증가가 큰 문제점으로 대두될 수 있기 때문에 이에 대한 대책을 마련하는 동시에, 가격할인을 통해 매출액을 높이는데 중점을 두어야겠다. 그리고 B품목에 대한 관리노력은 A품목과 C품목의 중간선에서 이루어져야 할 것이다.

- **구매관리는** 최적의 공급업체선정, 최고의 품질 확보, 적기의 납기준수, 낮은 공급가격을 달성하는 것이 목적이다.
  ① 발주: 협력업체의 능력분석과 구매단가를 설정하여 정확한 발주계획과 입고 계획을 수립하고 평가한다.
  ② 품질보증: 무검사 시스템 및 현장검사를 통하여 입고 후 작업 현장에 바로 투입될 수 있는 최고의 품질을 확보한다.
  ③ 협력업체 지원: 지속적인 협력업체 유지와 품질유지를 위하여 적정한 품질지도와 가격설정으로 모기업과 동등한 지위를 유지하여 주고 육성한다.
  ④ 원가관리: 모기업에서의 공동 자재 구매하여 원재료 구입단가 절감 후 협력 업체에 사급 지원하여 공급단가를 낮추고 정확한 원가를 산출하여 공동의 이익을 유지하여야 한다.

- **리드타임(lead time) 또는 조달기간이란** 원자재가 입고되는 시점에서부터 제품이 완성되어 출고되는 시점까지 걸리는 시간을 의미한다. 각 산업마다 리드타임에 대한 정의는 틀리지만, 일반적으로 주문 후 납품까지의 소요 시간을 산정 할 때 많이 사용된다.

- **생산관리**란 과거에는 재화를 만들어 내는데 필요한 활동들을 일컫는 개념이었으나 오늘날에 이르러 서비스를 산출하기 위한 활동까지 포함시키게 되면서 생산 및 운영관리로 그 개념이 확장되기에 이르렀다.

- 기업의 생산 활동은 생산시스템을 통해 이루어지는 일련의 과정이다. 생산시스템이란 생산목표를 달성하기 위해 각종 자원을 효율적으로 투입하여 원하는 제품이나 서비스로 변환시키는 기능을 수행하는 집합체

라고 할 수 있다.

① 투입: 투입이란 어떤 재화나 서비스를 창출하기 위하여 투입되는 원자재, 자본, 노동력, 정보 등을 의미한다.

② 변환: 변환과정은 투입된 원료를 처리하는 과정이다. 유용한 재화나 서비스를 창출한다는 것은 투입된 비용보다 더 가치 있는 재화를 산출하는 과정이다.

③ 산출: 산출은 생산시스템에 투입된 원료가 생산 공정인 변환을 거쳐 유용한 재화나 서비스로 된 산출물이다. 생산된 제품은 시장으로 이동되어 고객들에게 판매되는 것이다.

- 생산시스템은 분류기준에 따라 다양한 유형으로 나누어진다. 생산시스템은 제품의 주문형태에 따라 주문생산과 계획생산으로 나누기도 하며, 생산품종과 생산량에 따라 소품종대량생산, 다품종소량생산, 단일품종생산으로, 그리고 공정의 흐름에 따라서는 연속생산, 대량(반복)생산, 개별생산, 단속생산으로 분류하기도 한다.

- 생산시스템에서 비교적 많이 이용되는 분류방법은 공정의 흐름을 기준으로 하는 것인데, 이 기준에 의해 나누어지는 유형들은 다음과 같다.

① 단속생산: 단속생산은 제품의 생산이 고객의 주문에 따라 이루어진다는 면에서는 개별생산과 비슷하지만, 개별생산에서처럼 특정 품목의 생산이 1회에 그치지 않고 주기적으로 일정량만큼 혹은 배치(batch)로 생산한다는 점에서 차이가 있다.

② 개별생산: 개별생산은 중소규모 제조기업에서 많이 볼 수 있는 생산시스템으로서 주로 고객의 주문에 따라 생산이 이루어진다.

③ 연속생산: 연속생산은 표준화된 제품을 계획적으로 제조하는 생산시스템으로서 기술적으로 생산 공정의 흐름이 연속성을 지니게 된다.

④ 대량(반복)생산: 대량(반복)생산은 조립라인의 형태를 취하는 생산시스템이다. 이러한 생산시스템에서는 제품생산을 위한 공정이 순서에 따라 여러 단계로 나뉘어져 각 단계마다 하나의 작업장을 형성하게 된다.

- 생산부문의 구체적인 전략목표 차원으로는 원가, 품질, 납기, 유연성, 서비스 등을 들 수 있다.
  ① 원가: 제품을 생산·판매하는데 드는 재료와 노동가치
  ② 품질: 사용에 적합한 상태
  ③ 납기준수: 고객에 대한 신속성
  ④ 유연성: 제품의 사양과 생산량에 대한 변화에 탄력적으로 대응할 수 있는 능력
  ⑤ 서비스: 이용자의 편익

- 제품의 설계과정은 아래 그림과 같이 일련의 단계에 따라 이루어진다.

제품결정	제품아이디어 → 제품 선정 →	아이디어의 수집 · 심사 사업성 및 타당성 분석
제품설계	개발 선정 → 최종설계 및 시험 →	제품개념의 개발 제품특성의 설계 시험용제품의 제조
공정설계	공정 설계	기술 분석 설비의 선택 · 배치 공정성분석

- 생산공정의 선정은 그 의사결정의 효과가 오랫동안 지속되는 것이므로 신중히 판단하여야 한다. 생산 공정을 선정할 때에는 원료의 특성, 기술, 제품의 특성 등과 같은 제조상의 요인뿐만 아니라 시장의 수요량과 품질 등과 같은 마케팅상의 요인도 고려해야만 한다.

- 생산공정은 분류하는 기준에 따라 다양하게 구분되는데 일반적으로 생산의 흐름에 따라 개별 생산 공정, 단속 생산공정, 반복 생산공정, 연속 생산공정으로 나누어진다.

- 생산시스템을 설계하는데 있어 배치란 시스템을 통하는 고객이나 자재의 흐름이 원활하도록 부서, 작업장 및 시설을 배열하는 것이다.

- 생산시스템의 기본적인 배치형태로는 공정별 배치, 고정형 배치, 혼합형 배치, 제품별 배치로 나눌 수 있다.
  ① 공정별 배치: 동일한 기능을 수행하는 모든 작업자와 장비를 장소에 모아 비슷한 기능을 하도록 배치하는 형태이다. 제품의 종류가 많고, 제품별 생산량이 적은 다품종 소량생산에 적합한 배치 형태이다.
  ② 고정형 배치: 제품이 이동하는 대신 작업자, 자재 등이 이동하도록 배치하는 형태
  ③ 혼합형 배치: 기본적인 배치형태를 혼합하여 사용하는 혼합형배치 형태
  ④ 제품별 배치: 대량제품이나 고객이 시스템을 통해 원활하고 빠르게 흘러가도록 배치하는 형태

- 품질관리란(QC)란 고객의 요구에 알맞은 품질의 제품을 경제적으로 생산할 수 있도록 기업 내의 여러 부문이 품질을 유지·개선하도록 하는 관리적 활동이다.

- 기업에서는 이와 같은 품질관리를 실시함으로써 다음과 같은 효과를 기대할 수 있다.
  ① 불량품의 감소 및 품질의 향상
  ② 생산활동의 계획적 수행 및 생산품의 증가
  ③ 품질불량과 그로 인해 발생하는 비용의 감소
  ④ 기업 내 부문 간 협조의 원활화
  ⑤ 종업원의 생산의욕의 증진 및 직장규율의 유지

- **통계적 품질관리**는 고객의 욕구를 충족시킬 수 있는 제품을 가장 경제적으로 생산할 수 있도록 통계학적인 원리와 기법을 응용하는 품질관리방식을 말한다. 품질관리의 중요한 기법으로는 관리도법, 도형기법, 표본추출검사법의 세 가지가 있다.

- **전사적 품질경영(TQM)**은 최고경영자와 조직 전원의 참여를 기초로 끊임없는 교육 훈련과 참여의식에 의해 능력이 개발된 조직구성원이 합

리적 관리방식과 품질관리기법을 활용하여 조직 내의 모든 절차를 표준화하고 지속적으로 개선함으로써 고객만족을 달성하며 궁극적으로 조직의 장기적 성공을 목표로 하는 경영혁신시스템이다.

- 전통적인 품질관리는 생산현장에 정통한 전문가에 의한 통제 위주의 관리에 그치지만, TQM에서는 모든 종업원 및 부서가 참여하여 불량률의 감소, 원가의 절감, 품질의 균일화, 기술혁신을 통한 생산성의 총체적 향상과 고객만족에 초점을 맞춘다.

구 분	품질관리(QC)	통계적 품질관리(TQM)
대상	생산현장 제조부문 중심	기업 내 전 부문
중심업종	제조업 중심	서비스업까지 포함
목표	불량률 감소, 원가절감, 품질의 균일화	생산성의 총체적 향상, 고객만족
성격	전문가에 의한 관리 및 통제위주	총체적 품질 운동

- **자재명세서(BOM)**는 최종품목과 각 구성품 간의 관계를 나타낸 것으로 제품구조도라고 한다. 즉, 완제품 1단위를 생산하는데 필요한 부품 및 원자재의 종류와 소요량을 명시한 자료로 자재명세서를 보면 어떤 자재가 얼마만큼 필요한지를 알 수 있다.

- **6시그마**란 제품의 불량 발생률이 1백만 개당 3.4회로써 이 같은 불량률은 통계적으로 볼 때 99.99966%가 합격품이라는 의미의 전사적 경영혁신 활동이다.

- 6시그마는 많은 성공사례를 통하여 그 유용성이 검증된 DMAIC라는 문제해결 절차를 가지고 있다. DMAIC 5단계의 수행절차는 다음과 같다.
  ① **정의단계:** 무엇을 개선해야 고객과 사업에 바람직한 영향을 미치는가에 대한 개선 기회를 명확히 하고, 프로젝트팀을 결성하여 개선목적, 목표, 일정 등을 포함하여 실행계획을 작성하는 단계이다.
  ② **측정단계:** 품질에 결정적인 요소(CTQ)의 선정, CTQ에 대한 성능

표준의 설정, 데이터의 수집, CTQ에 대한 현재수준을 파악하는 단계이다.

③ **분석단계:** 분석단계는 결함이 언제 어디에서 발생하느냐를 파악함으로써 개선의 대상을 명확히 하는 단계이다.

④ **개선단계:** 개선방안을 찾기 위해 가능한 해결안을 시험해봄으로써 개선방향을 실시하는 단계이다.

⑤ **관리단계:** 프로세스의 문서화 및 표준화, 관리계획 수립을 통해 개선된 프로세스 유지에 대한 문제를 다루는 단계이다.

6 성공적인 ERP 구축 전략

• 프로젝트 매니저(PM)란?

① 프로젝트 매니저는 프로젝트를 실무적으로 책임지는 사람이다.

② 프로젝트 매니저는 프로젝트가 제대로 진행되지 않을 경우에는 즉시 그에 대한 대책을 강구해서 제대로 진행되도록 해야 한다.

③ 프로젝트와 관련된 이슈들에 대한 결정 권한과 집행에 대한 권한이 있는 것이 바람직하다.

④ 프로젝트의 복잡성이나 크기에 따라 프로젝트 매니저를 보조하는 어시스턴트 매니저를 두기도 한다.

⑤ 프로젝트 매니저는 ERP패키지나 컴퓨터 기술 분야에 대한 지식보다는 회사가 속한 산업에 대한 지식과 프로젝트 관리 및 비즈니스 컨설팅에 대한 경험을 더 필요로 한다.

• 차세대 **ERP**의 요건

① **인간 중심형 ERP**

- 사용자인 인간의 요구사항을 충족하는 ERP
- 사용자의 직무 역할에 맞도록 구성된 사용자 인터페이스
- 가시성/투명성에 기초한 실시간 의사결정 및 실행 환경

② **확장 통합형 ERP**
- 인간 중심형 ERP의 실현을 위한 필수 요건
- 기업 내부 통합에서 대외 연동과 통합으로 통합 범위 확대
- 기업 내외부에 걸친 확장형 프로세스 통합

③ **협업 지원형 ERP**
- 사용자가 알아야 할 정보를 입수하거나 전달받도록 구성
- 확장형 기업 전반에 걸친 프로세스 및 정보 통합이 선결요건
- 협업 지원은 언제 어디서나 사람과 사람을 이어주는 기능
- 협업 지원 도구: 인스턴트 메시징(IM), 온라인 채팅 등

- **지식관리 시스템(Knowledge Management System: KMS):** 조직 내의 인적자원들이 축적하고 있는 개별적인 지식을 체계화하여 공유함으로써 기업 전체의 경쟁력을 향상시키기 위한 기업정보 시스템이다.

- **CALS(Commerce At Light Speed):** 제조업체와 협력업체 등 관련 기업들이 정보를 공유하며 경영에 활용하는 기업 간 정보시스템이다.

- **전자상거래(Electronic Commerce):** 인터넷이나 PC통신을 이용해 상품을 사고파는 행위이다. 이것은 정보통신기술을 활용하여 기업 간 또는 기업과 고객 간의 거래를 디지털화하기 위한 방안이다.

참고문헌

1. 김길선 외 공저, 「생산시스템과 SCM」, 법문사, 2004.
2. 김실호, "ERP와 기존 시스템과의 통합전략", ERP 연구회지, 1997.
3. 김수욱 외 3인 공저, 「공급사슬관리」, 한경사, 2005.
4. 김승일, "경영혁신의 주체와 프로세스", 국제기업전략연구소, 1995.
5. 김영렬, 「ERP 전략과 실천」, 대영사, 2003.
6. 김영렬·한대문, 「ERP & CRM」, 대경출판사, 2005.
7. 김종희, 「SCM」, 한국전자거래진흥원, 2004.
7. 강승원 외 8인 공저, 「전자상거래의 이해」, 학현사, 2003.
8. 나승훈·서지한·김형준, 「ERP 구축을 위한 경영정보시스템」, 형설출판사, 2001.
9. 박진우 외 3인 공저, 「ERP 도입 전략과 비즈니스 개혁」, 박영사, 2001.
10. 신한철, "MRP 시스템 도입과 활용기법", 서울상공회의소 서부지소, 1985.
11. 신철, 「알기 쉬운 ERP」, 미래와 경영, 2002.
12. 서길수, 「데이터베이스 관리」, 박영사, 2001.
13. 서영호 외 4인 공저, 「e-비즈니스 시대의 경영정보시스템」, 한경사, 2004.
14. 서호익, "전사적 자원관리 시스템(ERP)이란 무엇인가?", ORACLE Magazine, 1997, pp. 12-15.
15. 이광현, 「21세기 기업생존전략」, 석정, 1998.
16. 이동길, 「ERP 전략과 실천」, 대청, 1998.
17. 이명호·유지수, 「생산관리」, 박영사, 2003.
18. 이상훈, "최적의 기업환경을 구축하는 정보 대동맥-ERP", ORACLE Magazine, 1998, pp. 28-35.
19. 이영해, 「e-비즈니스 시대의 SCM 이론과 실제」, 문영각, 2001.
20. 이종철 외 2인, 「MRP 시스템 이론」, 창지사, 1984.
21. 임세헌·박연우, 「SCM과 유통정보화 전략」, 한올출판사, 2005.
22. 안영진·유영목, 「생산운영관리」, 박영사, 2005.

23. 조남재 · 노규성, 「경영정보시스템-전략적 비전 실현을 위한 접근법」, 세영사, 2000.
24. 정봉주, 「SCM」, 한국전자거래진흥원, 2002.
25. 최성, "리엔지니어링의 핵심", 한국생산성본부, 1994.
26. 최성, 「(기업정보화를 대비한) ERP 시스템 기초」, 전자신문사, 2003.
27. 한동철, 「공급사슬관리 SCM」, 시그마인사이트컴, 2002.
28. 한재민, 「경영정보시스템」, 학현사, 2000.
29. 홍일유, 「디지털 기업을 위한 경영정보시스템」, 법문사, 2005.
30. 황하진, 「유비쿼터스 시대의 경영정보시스템」, 경문사, 2005.
31. Abiteboul, S., P. Buneman, and D. Suciu, *Data of the Web*, Morgan Kaufumann Publishers, 2000.
32. Applegate, L., W. McFarren, and J. McKenney, *Corporate Information Systems Management*, McGraw-Hill, 1999.
33. Callaway, E., "ERP Choices," *Managing Automation Magazine*, August 1998.
34. Charles, C. P. and M. J. Bauer, *E-Supply Chain*, Berrett Koehler Publishers, 2001.
35. Greenburg, P., *CRM at The Speed of Light*, McGraw-Hill, 2000.
36. Han, J. and M. Kamber, *Data Mining*, Academic Press, 2001.
37. Housel, T. J. and E. W. Skopec, *Global Tele-communications Revolution*, McGraw-Hill, 2001.
38. Monczka, R., R. Trent, and R. B. Handfield, *Purchasing and Supply Chain Management*, Thomson, 2005.
39. Satzinger, J. W. S. D. Burd, and R. J. John, *Systems Analysis and Design*, Thomson, 2000.
40. Stair, R. M. and G. W. Reynolds, *Fundamentals of Information Systems*, Thomson, 2003.
41. Wisner, J. D., G. K. Leong, and. K.-C. Tan, *Principles of Supply Chain Management*, Thomson, 2005.

찾아보기

저자 약력

이영찬(李永贊)

•약 력•

서강대학교 경영대학 경영학과 졸업
서강대학교 대학원 경영학 석사 (경영과학 전공)
서강대학교 대학원 경영학 박사 (경영과학 전공)
서강대학교 경영학연구원 경영연구소 상임연구원 역임
서강대학교 대우교수 역임
(현) 동국대학교 전자상거래학과 교수

•주요논문 및 저서•

"Application of Support Vector Machines to Corporate Credit Rating Prediction," ESwA, 32(1), 2007.
"Measuring Knowledge Management Performance: Structural Approach," HFEM, 17(1), 2006.
"Timed Net with Choice Probability and Its Minimum Cycle Time," ESwA, 31(2), 2006.
"Bankruptcy Prediction Using Support Vector Machine with Optimal Choice of Kernel Function Parameters," ESwA, 28(4), 2005.
「전자상거래에서의 선점효과에 관한 새로운 접근과 분석」, 한국학술정보, 2006.
외 다수

조영석(曺永錫)

•약 력•

서강대학교 문과대학 철학과 졸업
한국 후지쯔 (주) Systems Analyst
미국 루이지애나 주립대학교 Computer Analyst
미국 루이지애나 주립대학교 정보학 석사
미국 루이지애나 주립대학교 컴퓨터학 박사
미국 버지니아 Tech 방문교수
(현) 동국대학교 컴퓨터·멀티미디어학과 교수

•주요논문 및 저서•

「중소기업 ERP 컨설팅 보고서」, 중소기업청, 2001.
"객체 지향 소프트웨어의 상속 깊이의 최소화 알고리즘," 소프트웨어공학연구회지, 1998.
"객체 지향 소프트웨어의 다형성 제거 알고리즘," '98 가을 학술발표논문집, 한국정보과학회, 1998.
"Integrating Multi-Phase Software for Reuse," JSI, 6, 1996.

정가 10,000원

중소기업을 위한 ERP
전사적 자원관리

2006년 11월 20일 초판 인쇄
2006년 11월 29일 초판 발행
공저자 : 이 영 찬 · 조 영 석
발행자 : 이 연 우 · 우 명 찬
발행처 : 홍 릉 과 학 출 판 사
주 소 : 서울시 강북구 수유5동 455-60
142-885
등 록 : 1976년 10월 21일 제5-66호
전 화 : 999-2274~5, 996-8341, 903-7037
팩 스 : 905-6729
e-mail : hongpub@hongpub.co.kr
http://www.hongpub.co.kr

저자와의 협의하에 인지생략